넌더리의 저항

# 타락한 저항

## 지배하는 '피해자'들, 우리 안의 반지성주의

이라영 지음

교유서가

차
차례
차례
차례
차례
차례
차례
차례
차례
차례
차례
차례
차례
차례
차례
차례
차례
차례
차례
차례
차례

## 차례

---

# 들어가며
## : 진지충의 탄생

**1**

지금은 벌레들의 시대. 죄 없는 벌레들에게 미안하다. 온갖 '충'
이 득실거린다. 혐오 발언이 놀이처럼 입에 들러붙은 혐오 발
화자들은 각종 '충'을 창조하고 있다. 인간이 특정 집단을 배척
하고 조롱하기 위해 그 대상을 '벌레화'시키는 전략은 나름 역
사가 있다. 나치는 유대인을 벌레나 쥐로 여겼다. 벌레는 징그
럽지만 대체로 작고 약해서 쉽게 짓밟아버릴 수 있는 대상이
다. 인간의 기준에서 벌레들은 인간을 귀찮게 하고 해로운 병
을 옮길 수 있기 때문에 박멸의 대상이 된다. 반려동물인 개를

죽이면 그 잔인함을 쉽게 인지할 수 있지만 발밑을 꾸물꾸물 기어가는 그리마 한 마리를 쿡 밟아버린다고 심하게 죄책감을 느끼지는 않으며 주위에서 비난이 날아오지도 않는다. 벌레를 죽이기 위한 화학약품도 시중에 판매되고 있으니 벌레를 내쫓고 죽이는 건 '아무것도' 아니다. 종종 사회에서 어떤 이들을 향해 벌레라고 부를 때, 벌레가 된 이들은 미개하고 인간적이지 않아 혐오 받아 마땅한 존재가 된다. 흉악한 사람이나 인정 없는 사람을 두고 흔히 '인간적이지 않다'고 표현한다. 이처럼 혐오하는 대상에 대한 비인간화 전략은 혐오하는 '나'의 행동을 정당하게 만든다.

오늘날 창궐하는 각종 벌레 중에서 '진지충'은 조금 다른 위치에 있다. 사회적 위치와 역할, 정체성, 출신 성분 등으로 혐오의 대상이 된 많은 '충'들과 달리 '진지충'은 태도로 인해 혐오를 받는다. '쓸데없이' 진지한 사람에게 흔히 하는 말이 있다. '개그를 다큐로 받는다.' 이럴 때 실패한 개그를 돌아보기보다는 '왜 웃자고 한 소리에 죽자고 달려드냐'며 도리어 화를 낸다. 유머를 생산하는 행위도 일종의 권력행위다. 유머에 대한 진지한 반응은 어느 정도 권력에 대한 도전이 된다. 지루한 '부장님 개그'에도 직원들이 웃음으로 반응을 보이는 이유다.

진짜 눈치가 없어서 맥락 파악을 못하는 사람도 있겠지만, 오늘날 '벌레'로 지칭되는 진지함은 이러한 범주에서 벗어난 지 오래다. 생각하고 의문을 제기하는 태도 자체가 조롱의 대상이다. '진지충'을 조금 순화해 '진지병'이라 부르기도 한다. 다른 표현으로 '선비질', 더 상스럽게 말하면 '썹선비'라고 한다. 여기서 '선비'란 단지 구시대적 사고를 가진 사람을 이르기도 하지만, 정확히는 실용과는 거리가 먼 학식으로 젠체하며 고고한 척하는 사람을 뜻한다.

'진지충' 비난 현상은 소수자와 약자를 볼모로 삼은 창작이나 저항 방식에 대한 비판을 엄숙주의자, 도덕주의자, 나아가 위선자 등으로 낙인찍는 상황으로 번져나갔다. 진지함은 참되다, 솔직하다, 신중하다는 의미다. 사물과 세계, 존재를 들여다보고 생각하며 의구심을 품는 태도다. 이러한 진지함이 부정될 때 유머의 질도 하락하기 마련이다. 비판적 성찰 없이 타인의 수치심을 재료 삼은 유머(라는 이름의 차별 발언)에 익숙해진다. 진지함에 낙인을 찍는 언어의 증가는 생각하는 사람을 향한 조롱과 경멸이 점점 만연해가고 있음을 방증한다. 진지함에 대한 불편함을 우리는 불편하게 생각해볼 필요가 있다. 진지함이 위선이 되면 의구심과 회의를 표출하기 어려워진다.

오늘의 인간도 내일이면 새로운 '충'이 되어 혐오받을 수 있다. '충'이라 불리는 혐오 대상이 범람하는 한국 사회가 비인간으로서 추방해야 할 타자를 확산하는 셈이다. 이 사회의 '충'은 어쩌면 사회의 내부와 외부를 보여줄 수 있는 경계인일지도 모른다. "충은 몸 안팎을 수시로 들락거리고, 소변 대변 역시 몸안에 있지만 늘 바깥으로 나올 준비가 되어 있다. 요컨대 이 타자들은 안과 밖, 그 사이 혹은 경계에 존재한다. 한 사회의 건강성은 내부자가 아니라, 주변인 혹은 경계에 있는 존재들에 의해 표현된다."[1] 바로 '진지충'이라는 언어는 이 사회의 지성이 처한 경계인의 위치를 보여준다. 문제를 문제로 인식하고 그것을 생각하는 일은 피곤하다. 독설, 조롱 혹은 감정에 극도로 호소하는 신파가 더 쉽다. 이런 분위기 속에서 생각의 범위뿐 아니라 감정의 영역도 협소해진다. 감정에 호소하는 사회일수록 오히려 감정은 풍요롭지 못하다. 감정의 정답을 만들기 때문이다.


2

1965년에 개봉한 장뤼크 고다르의 SF영화 〈알파빌Alphaville〉은 감정이 통제된 미래 사회를 다룬다. 감정을 억압하는 알파빌이란 도시는 시를 비롯해 인간의 감정을 움직이는 책을 금한다. 이 도시에서는 하루에도 여러 건의 사형이 집행되는데 죄목이 기가 막힌다. 눈물을 보였다는 것이다. 알파빌에서 눈물이란 존재할 수 없다. 눈물은 감정과 생각에 따른 몸의 반응이기 때문이다. 흔히 호통치는 사람은 야단을 듣는 사람이 눈물을 보일 때 "뭘 잘했다고 울어!"라고 질타한다. 생각이 없으면 눈물도 없다.

　알파빌 시민은 명령을 수행해야 하는 의무만 있을 뿐 '왜'라는 질문도 해서는 안 된다. 이 도시에서는 계속 새로운 사전이 개편되어 나온다. 사전 속 단어는 날마다 줄어든다. 질문을 통제하는 사회에서 언어는 줄어들 수밖에 없다. 예술가란 존재할 수 없다. 예술가와 지식인은 대안을 찾거나 해답을 내놓는 역할을 하기보다 질문을 던지는 사람들이다. 의구심을 갖는 사람. 이런 종류의 인간은 사회 통제에 거추장스러운 방해물이다.

질문은 요동치는 감정과 이에 관한 생각 속에서 정리되어 나온다. 주인공 레미는 폴 엘뤼아르의 작품 『고통의 수도La capitale de la douleur』를 바탕으로 인간의 고통과 두려움, 사랑의 감정을 찾아간다. '사랑'이라는 단어를 모르는 나타샤는 사랑의 감정을 알지 못하며, '왜'라는 단어를 모르기에 이유를 캐묻는 것이 어색하다. 그러나 그는 결국 엘뤼아르의 시집을 읽으며 눈물을 경험한다. 나아가 사랑에 빠진다. 고통과 수치심을 알려고 할 때 인간은 '나' 이외의 타자와 타자와의 관계를 알아가게 된다.

프랑수아 트뤼포는 〈알파빌〉 개봉 1년 후인 1966년에 레이 브래드버리의 소설 『화씨 451』을 영화화했다. 1953년 작인 SF 고전 『화씨 451』은 책이 금지된 미래 사회를 보여준다. '화씨 451', 책이 불타는 온도를 상징한다. 원작보다 트뤼포의 각색이 더 폭넓게 화두를 던진다. 대중매체에 중독된 사회를 비판하는 '책'을 영화화하면서, 트뤼포는 불태우는 책에 화집이나 〈카이에 뒤 시네마Cahiers du Cinéma〉 같은 영화비평 잡지도 포함시켜 전반적으로 창작과 비평을 억제하는 사회를 그린다. 알파빌이 감정을 억제하는 도시였다면, 〈화씨 451〉의 미래 사회는 인간의 생각을 금지한다.

주인공 몬태그는 책을 불태우는 임무를 맡은 방화수다. 방화수들은 경보가 울리면 출동한다. 책이 있는 집이 발견되면 책을 태우러 가야 한다. '파이어맨fireman'이라 불리지만 불을 끄는 소방수가 아니라 불을 지르는 방화수다. 몬태그가 사는 사회에서 책은 쓸모없을 뿐만 아니라, 인간과 사회를 오히려 위험하게 만드는 물건이다. 읽고 생각하는 활동이란 속도와 실용 중심의 사회에서 그 의미를 잃는다. 책을 읽으면 질문이 많아지고 의구심을 품기 때문이다. 책을 태운다는 것은 곧 생각의 금지, 표현의 말살이다. 대신 사람들은 벽면 텔레비전을 보며 귀에 늘 무언가를 꽂고 즐긴다. 영화의 마지막은 원작과 조금 다르다. 책이 금지된 사회에서 모두 책을 통째로 외운 '북 피플'은 그들만의 마을을 만들었다. 스스로 사무엘 베케트의 『고도를 기다리며』가 되고, 제인 오스틴의 『오만과 편견』이 되어 돌아다니는 책-인간이 되었다. 책을 금지한 사회에서 스스로 '책이 되기'란 몸에 생각을 새기는 적극적인 저항이다.

감정사회학자인 잭 바바렛Jack Barbalet에 따르면, 자본주의가 발전하면서 감정을 표현하는 어휘는 실제로 줄었다고 한다.[2] 통념적으로 이성과 감성을 구분해도 하나의 시어가 이성이나 감성 어느 한쪽에 의해 만들어지지 않듯이, 인간의 다양한 감정과 사유하는 능력은 별개가 아니라 서로 연결되어 있다. 앞서 두 영화에 등장한 감정을 억제하는 도시와 생각을 금지하는 도시는 공통적으로 책을 금지한다. 여기서 책은 언어를 규제하기 위한 하나의 상징이다. 인간이 갖는 감정과 스스로 생각하는 행위를 모두 통제하려면 언어 규제는 기본이다. 인간은 언어를 통해 이야기를 직조하며 생각을 정리하고 확장하면서 타인과 공유할 수 있다.

오늘날 우리가 살아가는 사회는 이러한 픽션 속의 극단적 사회처럼 책을 금지하기는커녕, 자유롭게 책을 즐길 수 있게끔 한다. 온 사방에 책이 널렸다. 종이책과 전자책뿐 아니라 듣는 책도 풍성하다. 그럼에도 통제를 통한 우민화 정책은 주기적으로 등장한다. 헤르베르트 마르쿠제의 '일차원적 인간one-dimensional man' 개념은 '기만적 자유'에 관한 의문을 증폭시키기에 여전히 오늘날의 사회현상을 분석하는 데 유용하다. 마르쿠제에 따르면 "일차원적 사유one-dimensional thought는 정치를 만들어내는 사람들과 대량 정보의 조달자들에 의해 조직적으로 조장된다".[3] 물질적으로 풍요롭고 여가와 놀이가 일상에 들어왔지만, 소비로 비판 욕구를 없애버리는 체제가 일차원적 인간을 양성한다. 이 '기만적 자유' 속에서 느리게 흘러가는 '사유의 습관'이 점차 낯설어진다.


## 3

장 보드리야르가 이미 『시뮬라시옹』에서 지적했듯이 오늘날 "정보는 더욱 많고 의미는 더욱 적은 세계에 우리는 살고 있다".[4] 미디어가 다양해지고 접근성이 높아져서 사람들은 과거의 그 어느 때보다 문자와 접할 기회가 많다. 많은 사람들이 아침에 눈을 뜨면 자리에서 일어나기도 전에 스마트폰으로 뭔가를 읽곤 한다. 이렇게 문자를 보는 사람이 많아졌다고 해서 글을 읽는 사람도 늘어났을까. 읽는 데는 인내심이 필요하다. 진득하게 문장과 문장 사이를 오가는, 적극적으로 생각하기는 미디어의 정보량과 별개다. 모르는 사람들이 문제라기보다 잘못 알고 있는 사람들의 증가가 문제다. 말 그대로 '아무 말 대잔치'다.

　　포털 사이트인 '네이버'에는 2017년에 '요약봇'이 생겼다.

농담처럼 말하던 '세 줄 요약'이 실현되는 모습으로 보인다. 그전에는 '네이버 지식인'에 '과제해야 하는데 무슨 소설 줄거리 좀 알려주세요'라는 질문들이 적잖이 쌓이는 모습을 봤다. 소설을 직접 읽지 않아도 읽은 사람이 요약해준 줄거리를 통해 정보를 얻어 읽은 척을 할 수 있다. 이제는 한 권의 책이 아니라 한 편의 기사마저 대신 요약을 해주는 시스템이 갖춰졌다. 인공지능이 기사를 잘 요약했는지 궁금해서 시험해봤더니 많은 한계가 보였다. 기사 본문에서 문장 세 개를 골라 이어붙여 놓았다. 맥락의 실종이다. 아는 인간이 아니라 '넓고 얇게' 아는 척하는 인간을 위한 시스템이다. 읽지 않음이 문제가 아니라, 읽지 않고도 읽었다고 착각하는 게 문제다.

경제적으로 말하기 위해 줄임말이 있듯이 읽기의 경제성을 위해 요약도 물론 필요하다. 그러나 경제적으로 말하고 경제적으로 읽다가 생각도 경제적으로 하게 생겼다. 요약은 전체적인 맥락을 이해한 후 새롭게 소화시킨 독자적인 결과물이어야 한다. 다른 이가 해주는 요약은 전체 맥락을 누락하기에 사안에 대한 이해를 왜곡하기 쉽다. 같은 땅이라도 곡물 생산을 중심으로 만든 지도와 교통정보를 위한 지도가 다른 정보를 담고 있듯이, 남이 해준 요약에는 그가 이해한 맥락이 담겨 있다.

빨리, 많이 알고 싶은 욕망이 이상하진 않다. 그러나 오늘날 '아는' 사람이 정말 많다. 너무 많이 알아서, 아예 잘못 알고 있다. 또한 단편적 정보를 바탕으로 섣불리 판단해 입장을 정하는 일이 잦다.

속도 경쟁이 생각하기를 방해한다. 속도 경쟁 속에서 다른 것은 다르게, 복잡한 것은 복잡하게, 모호한 것은 모호하게 생각의 숙성을 기다릴 여유가 없다. 이러한 분위기 속에서 언론사는 카드뉴스를 제작해 '긴 글 싫어하는' 독자들을 위한 맞춤형 서비스를 한다. 맥락을 찾고 화두를 이어가는 작업은 능동적으로 해야 한다. 화두를 찾는다는 것은 말의 길과 생각의 길을 찾는 일이다. 온 사방에 범람하는 '아무 말'은 정보는 과잉이지만 화두를 잃어버린 길 잃은 말들의 방황이다.

　　사회관계망서비스(SNS)에서도 이와 유사한 일이 벌어진다. 많은 사람들이 SNS의 '공유'를 통해 뉴스를 접한다. 그런데 SNS로 정보가 공유되는 방식을 관찰해보니, 클릭을 해서 기사를 읽지 않고도 그 기사를 '리트윗'으로 공유하는 경우가 많다. 실제로 공유하는 내용은 제목과 한두 줄의 인용문이 전부가 된다. 전체 기사를 읽지 않고 제목만 보고 리트윗을 하는 모습을 보면 자극적인 제목으로 클릭을 유도하는 언론의 가벼움만 탓할 수도 없겠다는 생각이 든다. 단편적인 정보는 많고 유명인의 생각은 확대재생산된다. 전체적인 흐름과 맥락은 쉽게 요약되고 때로는 왜곡된 정보가 점점 부풀려지기도 한다. 특히 SNS는 노출과 관음이 만나 시너지 효과를 발휘하는 장이다. 자신을 노출해 알림으로써 새롭게 '페북 스타'가 되거나, 혹은 이미 알려진 사람은 더욱 발화 권력을 가지기 위해 자신을 노출한다. 이를 '따르는' 이들의 관음은 팬덤을 쌓으며 유명인의 의견을 더욱 부풀린다. 이처럼 유명인의 발화권은 그 범위를 넓혀가는 반면, '긴 글'에 대한 거부감은 점점 상승한다. 핵심을 찌르는 촌철살인이 각광받는다.

유명인이 지성인이 되는 데 일조하는 미디어 환경은 저널리즘의 정체도 다시 생각하게 만든다. 〈허핑턴포스트〉처럼 정보에 대한 검증이 빈약한 블로그스피어 기반 매체가 '저널리즘'의 이름으로 대중에게 다가간다. 커뮤니티와 SNS, '유튜브', '카카오톡' 등을 통해 뉴스를 소비하는 현상이 보편화되면서 가짜 뉴스를 거를 수 있는 망은 점점 취약해진다. 검증되지 않은 정보가 빠른 속도로 퍼져나가고, 이에 대한 반응까지 함께 붙어 가짜 뉴스의 몸집은 빠른 속도로 커진다. 가짜 뉴스 자체가 오늘날 새롭게 만들어지진 않았다. 검증되지 않는 소문, 정치공작을 위한 삐라 등 가짜 뉴스는 늘 있었다. 다만 미디어의 변화로 가짜 뉴스의 형식이 더 다양해지고 확산되는 속도가 빨라졌다. 특히 인터넷 환경에서 일어나는 플레이밍flaming 현상은 순식간에 사용자들을 격렬한 감정으로 이끌면서 본래 문제의 출발점보다 훨씬 더 심각한 지점으로 상황을 끌고 간다. 어느새 뭐가 진짜인지, 애초에 무엇이 문제였는지도 알 수 없다.

정보보다는 화두가 필요하다. 화두는 질문의 근원지다. 화두가 있는 삶을 산다는 게 쉬운 노릇은 아니다. 어쩌면 이 빠름과 요약을 권하는 시대에 부응하지 않으려면 더욱 불친절하고 느리게 생각하는 태도를 고집하는 게 낫지 않을까. 제 생각의 지도를 스스로 작성하면 길을 잃지 않는다. 이 책은 내가 화두를 찾아가는 작업이다.

진지함이 조롱받고 '세 줄 요약'을 권장하는 시대에 '생각하기'에 대해 생각한다. 반지성적 사회현상을 들여다볼 필요가 있다. 미국에서 매카시즘*이 지나간 뒤 1963년 출간된 리처드 호프스태터의 『미국의 반지성주의』는 기업 사회, 복음주의 종교, 실용주의 사상, 평등주의 정신 등을 들어 지성에 적의를 가진 사회를 분석했다. 미국에서 지식인을 비하하는 '고수머리 지식인'이나 '계란머리egghead'라는 말이 있었듯이 한국에도 여전히 '먹물', '책상물림'처럼 지식인을 조롱하는 정서가 팽배하다. 비단 한국만의 특징은 아니다. 지식인 조롱과 비난은 언제 어디서든 있기 마련이다. 1965년 장폴 사르트르는 일본에서 지식인에 관한 강연을 했고 1972년 이 강연 내용을 정리해 갈리마르 출판사에서 『지식인을 위한 변명』이라는 제목의 책을 냈다. 그는 "어느 나라에서고 지식인에 대한 비난이 동일하다는 사실은 충격적"이라는 말로 시작한다. 오늘날 이 말은 더는 충격적이지 않다. '지식인intellectual'이라는 언어를 널리 쓰게 된 계기가 드레퓌스 사건임을 고려할 때, 지식인의 실체와는 별개로 '지식인'이라는 호명은 그 태생부터 대중과 권력 양쪽에서 조롱과 비난을 받는 운명이다. 이는 지식인의 책임이기도 하다. 대중을 계몽의 대상으로 여기거나, 지적으로 게으르고 당파성에 붙잡힌 지식인은 지식을 도구로 사회를 해롭게 한다.

그러나 지식인과 지성에 관한 거부는 도덕적으로 부패하

* 미국에서 1950년부터 1954년까지, 조셉 매카시 상원의원은 공산주의 축출을 위해 문화계 블랙리스트를 작성하는 데 앞장선다. 당시 많은 배우, 가수, 화가와 작가, 활동가, 필요에 따라 제2차 세계대전 참전용사까지 이 명단에 포함되었고 동지들 간에 서로를 고발하며 살아남는 사태까지 생긴다. 엘리아 카잔, 게리 쿠퍼, 그리고 훗날 대통령이 되는 영화배우 로널드 레이건이 이렇게 동료를 고발해서 살아남은 경우다. 이 블랙리스트에는 아서 밀러, 돌턴 트럼보, 찰리 채플린 등 당대의 유명 예술가가 포함되었다. 엘리아 카잔이 1999년 아카데미상 공로상을 받을 때 매카시즘 시기 동료를 고발했다는 비판을 받았으며 그의 수상을 반대하는 목소리도 높았다.

고 지적으로 게으른 지식인을 비판하는 차원에만 한정되진 않는다. 문화예술계 탄압을 위해 제도적으로 광범위하게 조직된 박근혜 정부의 '블랙리스트 사건'에서부터 일상 속 진지함을 향한 경멸까지, 생각과 표현의 삭제는 늘 벌어져왔으며 여전히 우리의 일상에서 벌어지는 일이다. 진지함은 속 좁음, 과감하지 못함, 이해력 부족, 유머 없음, 사회성 부족, 옹졸함, 찌질함, 과격한 도덕주의자의 성질로 받아들여진다. 심지어는 '정치적 올바름political correctness'이 인간의 본성을 억압하는 파시즘이라는 주장까지 나올 정도로 '불편한' 문제 제기를 불편해하는 정서가 만연하다. '프로 불편러'라는 조어는 불편해하는 사람을 낙인찍는 언어로 활용된다.

 '느낌적 느낌'이라는 조어처럼 느낌의 느낌에 대해 확신을 가지고 말하는 사람들은 이를 '합리적인 의심'이라 주장한다. '사이다' 언어가 각광받고 촉을 향한 신뢰가 성장했다. 진지함이 조롱받을수록 생각하는 인간은 우스꽝스러워진다. 표현의 자유와 취향을 방패 삼아 '생각하지 않음'을 정당화하는 태도가 자연스럽게 받아들여진다. 그러나 자유와 지성은 적대적이거나 양립 불가능한 관계가 아니라 오히려 동반자 관계다. 자유를 빌미로 지성을 과감히 공략하는 방식을 우리는 '진지하게' 성찰할 필요가 있다. 진지충의 탄생은 반지성적 사회의 증상이다. 진지함을 '충'으로 업신여기기보다 진지함의 회복을 위해 지성의 복원, 상상력의 확장을 추구해야 한다.

**4**

반지성을 어떻게 정의해야 할까. 과연 한국 사회에 반지성주의가 실제로 존재하는가. 높은 교육열은 말할 것도 없으며, 인문학 열풍이라는 말이 잊을 만하면 튀어나오고 온갖 종류의 인문학 강의와 책이 팔리는 사회에서 지성은 오히려 넘쳐나고 있지 않을까. 2017년에는 1년에 출간되는 신간이 8만여 종을 넘었다. 2015년에는 7만여 종이었고 2013년에는 6만여 종이었으니 발행 종수만 기준으로 보면 출판계가 풍성해 보인다.[5]

반지성주의anti-intellectualism란 단지 무지나 무식한 상태를 뜻하는 말이 아니다. 반지성적 면모를 보이는 사람 중에는 지식이 부족하기는커녕 오히려 지식이 풍성한 사람도 있다. 예를 들어 '어용지식인'이 되겠다고 선언한 인물은 지식이 없을까. 그렇지 않다. 오히려 그 인물은 지식을 탐독하는 적극적인 지식유통업자로 굉장한 베스트셀러 작가다. 소설 『화씨 451』에서 책을 불태우는 데 앞장서는 방화서의 서장 비티는 결코 무식하지 않다. 그는 명문을 술술 외운다.

혐오 발화를 하는 이들도 나름 지식으로 무장한다. 19세기까지 서구에서 과학과 성경을 바탕으로 흑인과 여성 일반을 열등한 존재로 만들었듯이, 오늘날 한국은 페미니스트와 성소수자에게 그 화살을 겨냥한다. 적어도 무늬는 논리적으로, 이론적으로, 과학적으로 갖추고 나름 '합리적인 혐오'를 정당화하려고 한다. 편향적 사상을 아이들에게 주입한다는 명목으로 페미니스트 교사를 공격하거나, '나무위키' 사용자가 '젠더 이퀄리즘'이라는 날조된 문서를 만들어 기존 페미니즘을 왜곡하는 선동을 펼치는 태도가 이에 해당한다.*

　　이러한 현상을 보며 차별이나 혐오는 '지능의 문제'라고 농담처럼 말하는 사람들도 있다. 물론 어설프게 아는 사람이 가지는 확신의 힘은 대단하다. 하지만 사람이 적극적으로 차별에 가담하는 이유는 지능이 낮거나 무지해서가 아니다. 지적 능력과 타인의 고통에 관한 서사적 상상력은 별개다. 혐오와 차별에 앞장서는 이들은 자신의 믿음을 위해 열정적으로 지식을 활용한다. 기존 질서의 변화를 두려워하기에 자신을 바꾸는 성찰과 반성을 거부한다. 또한 혐오는 열등감으로 가득한 사람들의 배설이라기보다 하나의 놀이이자 또래문화로 자리잡았다. 혐오 표현은 초등학교 교실에까지 침투했을 정도다. 오늘날 하나의 교리처럼 퍼져나가는 '자존감을 높이라'는 구호는 이러한 태도를 더욱 부추긴다. 자신을 존중하고 아끼라는 말을 '나는 무조건 옳다'로 옮기거나, 체제에 저항할 줄 모르는 나르시시스트 인간됨을 권장한다. 성찰하는 의식을 가진 사람을 자존감이 부족한 사람으로 낙인찍는 굴절된 상황이 펼쳐진다.

　　이 책에서 말하는 반지성주의는 '알기를 적극적으로 거부하는 상태'다. 혐오 발화자들은 자신이 혐오하는 대상을 모르기 위해 애를 쓴다. 모르지만 규정하려 한다. 오늘날 남성이 역차별을 받는다거나, '귀족노조' 때문에 기업이 힘들다거나, '종북'이 나라를 망치고 있다거나, 동성애 때문에 에이즈가 창궐

---

\* 안티페미티스트들이 실제로 존재하지 않는 운동이며 '사조'인 '젠더 이퀄리즘'이라는 개념을 만들어 온라인상에서 허위정보를 퍼뜨렸다. 2015년 '디시인사이드'에서 시작해 2016년 '나무위키'에 '이퀄리즘' 문서가 만들어지면서 마치 서구에서 이러한 개념과 운동이 실제로 있는 것처럼 착각하게 만들었다.

한다는 믿음이 바로 그렇다. 기득권 유지를 위해 자신이 알고 싶지 않은 문제를 적극적으로 모르려고 하며, 시대에 맞는 새로운 '마녀'인 '충'을 계속 만들어내 '인간' 사회에서 몰아낸다. 혐오 대상은 언제나 비인간화되었다. 타인을 통해 나의 정체성을 확인하듯 비인간화된 대상을 통해 자신이 '인간적인' 인간임을 확인한다.

이처럼 타인을 통해 '나'의 정체성을 확인하는 방식은 집단이나 국가의 문화적 정체성을 드러내는 태도에서도 나타난다. 러시아의 도스토옙스키가 유럽에서 낙후된 국가인 러시아의 '러시아적인 것'을 규정하기 위해 '유럽적인 것'을 연구했듯이, 나—우리—민족—국가에 대한 규정은 그 외부 세계와의 구별을 통해 정의된다.

미국은 '미국적인 것'을 규정하기 위해 유럽이라는 구세계와는 다른 방식을 지향해야 했다. 미국의 문화적 배경에는 '귀족'이라는 계층과 '문명'이라는 전통을 상징하는 유럽을 향한 반감과 동경을 포함한 정서가 깔려 있다. 한국의 근대는 서구를 향한 반감과 동경이 뒤섞인 감정을 포함한다. 이 감정을 만들어내는 요소 중 '식민지 남성성'은 한국을 배회하는 반지성주의의 중요한 구성 요건이다. 한국의 주류에게 서구는 양가적 감정을 만든다. 서구는 지향할 근대이면서, 자신과 구별되어야 하는 대상이기 때문이다. 서구에 의해 문화적 지배를 받지만 자국의 지배자인 한국 남성들은 여성을 통해 남성성을 확인받으며 '나'의 정체성을 찾으려 한다. 이 남성성은 통념적인 강한 남성성과는 결이 다르다. 억울함과 피해의식이 가득하다. 여성을 밟고 올라서서 시대의 아픔, 개인의 상처, 사회적 억압 등을 '극복'하는 나태한 지식이 번성시킨 역사가 있다. 예를 들어 『한국남성을 분석한다』에서 여성주의 활동가 권김현영은 식민 지배 이후 현재까지 한국 남성의 특징을 다음과 같이 추론한다.

"어쩌면 조선의 남자들은 근대 전환기에서 식민 지배로 이어지는 역사 속에서 성인 남자의 '남자다움'이란 가치를 실천하는 것이 불가능한 채로 끝없이 유예되고 있었던 것은 아닐까? 그리고 이런 곤경들이 동일시할 만한 어른을 찾지 못해 영원히 성장하지 않고 있는 현재의 '한국 남자'와 연결되는 것은 아닐까?"[6]

이러한 의구심을 바탕으로 권김현영은 이광수의 소설『사랑인가愛か』,『윤광호』,『무정』등 한국 근대문학을 중심으로 식민지 남성성의 전형적인 의식을 찾는다. 이 작품들의 남성 주인공들은 벗, 곧 남성 동지와의 강력한 결속을 소망한다. 오늘날처럼 젠더 이분법이 확고하지 않았던 당시에 남성에 대한 사랑을 열망하는 표현은 지금과 동일하게 해석되지 않는다. 식민지 조선 남성에게 남성 간의 사랑에 대한 열망은 남성 간의 차이를 없애고, 제국의 남성과 동일시되는 길이다. 한편 성기에 의한 '차이'에 집착해 여성을 식민화한다. 이러한 시각은 단지 '한국 남성'이 아니라 한국의 지성사와 문화사를 분석하기 위한 중요한 관점이다. 식민지 남성성이란, 식민 지배국과의 관계에서 약자나 피해자가 된 남성이 자국 여성과 소수자를 억압해 남성성을 복원하고 유지하려는 의식이다. 서구와 일본에 의해 '상처받은 피해자'가 된 이들은 서사를 장악하고, 기존 약자

나 소수자의 새로운 움직임을 역차별이나 특권으로 받아들인
다. 주로 권력의 희생자는 남성의 얼굴을 하고 역사에 등장한
다. 광주항쟁, 민주화운동 등 역사적 순간을 다루는 관점은 대
부분 남성 중심인 경우가 많다. 5·18 광주항쟁을 본격적으로
다룬 첫 소설인 임철우의 『봄날』부터 1987년 6월항쟁을 영화
화한 〈1987〉에 이르기까지 여성의 위치는 대체로 보조적이다.
상처받은 사람의 '보편적 얼굴'은 남성이다.*

　자기연민으로 가득해 사회의 약자나 소수자들에 대한 배
려를 오히려 '약자의 권력'으로 바라보며 억울함과 부러움을
느낀다. 툭하면 '남성도 힘들다'라며 경제적 부담을 내세운다.
이는 가부장에게 지운 책임감이다. 이 책임감으로 남성이 부담
을 갖는 것은 사실이다. 그러나 경제적 부담감과 여성의 주체
권 박탈을 혼동하면 곤란하다.

　오늘날 가부장의 권위가 점점 사라지는 상황에서 남성들
은 전 세대보다 상대적으로 박탈감을 느껴 더욱 '힘들다'는 감
정을 갖는다. 아버지만큼 가정 내에서 권력을 휘두르지 못하는
오늘날 남성들은 시대의 '피해자' 행세를 한다. 거대 권력에 의
해 피해자가 된 한국 남성들은 여성 가족과 어린아이를 남성
인 '나'의 명예의 도구로 여겨 생사를 마음대로 결정지을 수 있
었던 '계백의 시대'를 그리워한다. 남성은 국가를 위해 희생하

* 남성의 얼굴을 한 역사의 피해자가 다수 그려지지만 한편 역사 속에서 여성 주체의 자
리를 고민하는 작품들을 탈락시키지 않기 위해 최윤의 소설 『저기 소리 없이 한 점 꽃잎
이 지고』를 언급해 둘 필요가 있다. 이 작품에서 학대받는 피해자이며 동시에 폭력 가해
자에게 광기를 드러내는 한 '소녀'가 광주를 상징하는 인물로 등장한다. 1996년 개봉한
장선우의 〈꽃잎〉은 이 소설을 원작으로 하며 광주항쟁을 전면에 내세운 첫 영화다.

고 남성의 보조자인 가족들은 이 남성에 의해 희생되는 이야기를 영웅적인 애국 서사로 소비해왔다. 여성학자 정희진은 한국 남성의 특징을 "'식민지 남성성'으로 초남성성hyper-masculinity이 몸에 밴 무기력, 무능력, 폭력성"[7]으로 정의한 적이 있다. 다소 과격한 정의로 보이지만 미디어와 대중문화 속에 이러한 남성성은 이미 충분히 재현되고 있다. 홍상수 영화 속의 찌질한 중산층 지식인 남성들과 김기덕 영화 속에서 여성에 의해 구원되는 하층계급의 '나쁜 남자'들은 무기력과 폭력성을 각기 다른 방식으로 구현한 인물들이다. 정치적 진보와 문화적 자유는 누구를 기준으로 한 진보와 자유일까. 이 '지배하는 피해자'의 시각이 쉽게 '보편'의 위치를 차지해 여러 관점과 목소리를 깔아뭉갠다. 보편과 객관, 중립의 위치에서 자신이 발화한다고 생각할 때 타인에 대한 지적, 윤리적 폭력은 쉽게 정당화된다.


5

한국의 보수 우파가 '잃어버린 10년'이라 부르는 김대중과 노무현이 집권한 '진보' 시대(1997~2007)는 이명박의 당선으로 일시적으로 막을 내렸다. 이명박 정부가 시작된 지 채 1년 반도 지나지 않은 2009년 5월 노무현은 자살했다. 우리 사회의 정치 지형과 유권자의 감정, 지식인의 정치적 태도 등을 뒤흔든 강력한 사건이다. 뒤이어 박근혜의 보수 정치가 이어지면서 사회 각 분야에서 벌어진 퇴행은 말할 것도 없는데, 이에 관한 반작용으로 정치 팬덤화도 깊어졌다. 다행스럽게 박근혜는 탄핵으로 집권 기간을 다 채우지 못했고, 9년 만에 보수의 집권은 퇴장했다. 그러나 두 보수 정부의 집권 기간에 종합편성채널이 만들어졌고, 언론 탄압이 자행되어 공영방송의 위상이 무너졌으며, 교과서 국정화가 시도되고, 위안부 합의를 비롯한 각종 외교 문제와 남북 관계, 교육, 문화는 '회복'을 필요로 하는 상태로 망가져버렸다. 이 망가진 상태는 정상화와 상식에의 갈망을 낳았고, 모든 정상화는 결국 정권 교체로만 이룰 수 있다는 믿음이 강해졌다. 그러나, 정권 교체 이후는 어떠한가. 문재인 정부가 등용하는 인물들은 우리 사회의 어떤 징후를 드러냈다. 문재인 정부는 유사역사학을 신봉한다는 의혹이 있는 도종환 시인을 문화체육관광부 장관으로 뽑았다. 황우석과 연루된 박기영을 과학기술정보통신부 과학기술혁신본부장으로, 진화론을 부정하는 창조과학회에서 활동한 이력이 있는 박성진을 중소벤처기업부 장관으로 임명하려고 시도했다. 특히 박성진의 경우 많은 비판에 의해 결국 임명 철회되었지만, 청와대는 그 과정에서 창조과학을 믿는 것이 개인의 '종교관'이라며 박성진을 옹호하려 했다. 종교에 대한 믿음은 개인의 영역이지만, 종교를 바탕으로 '창조과학'을 믿는 과학자가 관련 분야 전문가로서 국정에 참여한다면 이는 더이상 개인적인 문제가 아니다. 정상화와 상식의 기준선이 어디에 머물고 있는지 생각해볼 문제다.

한편 2000년대 중후반부터 '인문학 시장'에서 힐링과 공감, 소통이라는 개념이 대중에게 손을 내밀었다. 모르는 세계를 알려고 하기보다 이미 아는 것을 인정받고 공감받으려는 정서가 더 두터워지고 있다. 쉬운 언어가 좋은 언어와 동일시되며, 비판적 지성은 대중과 유리된 잘난 척이나 쓸모없는 이상주의로 전락했다. 소비자 정체성으로 권력을 가지는 시민, 고객이 왕이라는 소비자 우선주의는 독자를 위한 '쉽고 재밌는' 글을 요구한다. 그렇게 사유의 종말을 재촉한다. 대중매체를 통해 지식 정보를 접하면서 대중은 정보 '소비자'의 태도로 지식을 대한다. 지식과 정보의 수용 방식은 읽기에서 듣기로, 언론 매체에서 소셜미디어로 범위가 넓어졌다. 이러한 현상은 매체의 다양성이라는 긍정적 측면에도 불구하고, 정보 선택의 편향성을 키우고 행간을 오가며 생각하는 적극적인 태도로부터 대중을 멀어지게끔 한다. 정보의 콜라주 속에서 가짜와 진짜는 분별이 어렵게 뒤섞여 있다. 오늘날 언론은 이 가짜를 밝히는 일에 지면과 시간을 할애한다.

〈알쓸신잡〉처럼 이름 있는 남성들이 모여 잡학을 과시하는 텔레비전 방송을 비롯해 팟캐스트, 소셜미디어를 통한 지식 정보 전달 체계는 수용자에게 감각적으로 다가간다. 정치와 지성의 예능화는 긍정적 의미의 대중화라기보다 유명인에 의지하는 데 그친다. 유명인이 곧 지식인인 시대다. 인기가 지성의 근거가 된다. 몇몇 유명한 종교인, 학자, 문인, 사업가, 연예인 등은 '멘토'라는 이름으로 무슨무슨 '콘서트'를 하며 대중과의 만남을 통해 일종의 팬덤을 일궈간다. 유명인의 매력 자원은 수용자의 열정적 지지를 끌어낸다. 글보다는 사람의 매력 자원을 드러내기 쉬운 말에 익숙해지고 점점 '쉽고 재미있게'가 중요해진다. 출판물 저자들은 일종의 서비스와 마케팅 전략의 일환으로 강연을 다니지만, 이때 책을 읽지 않고 저자를 보기 위해 오는 '독자'도 있다. 독자의 개념이 변모하고 있다. 저자의 책을 읽는 독자라기보다 저자 자체를 읽는 독자다. 곧 '사람'을 읽고 소비한다. 반대로 저자는 자신의 일상을 공유하고 파는 노동을 곁들여야 한다.

　이러한 형식의 변화는 때로 수용자가 사안보다 사람을 중심으로 편을 나누게끔 한다. (내가 지지하는) 사람 중심으로 사안을 파악하려다보니, 지지자는 때로 적극적으로 (내가 지지하는 사람에게 불리한) 사실을 모르려고 애쓴다. 유명인이자 지식인인 이들은 지지자의 목소리에 기대어 비판을 차단한다. 신문과 방송 등에서 모든 분야에 말을 얹는 '제너럴리스트' 지식인, 방송에서 노골적으로 사실을 부정하는 정치인, 음모론과 사실이 뒤섞인 자극적인 내용을 재미있게 양산하는 언론인이 대중에게 수시로 노출된다. 지구온난화를 믿지 않는 미국 대통령 도널드 트럼프처럼 홍준표는 2017년 대선 후보 토론에서 4대강 사업으로 인한 수질 오염과 강의 지형 변화를 부정했다. "재벌이 부러워요"라는 말, "강성노조 때문에 기업이 해외로" 나간다는 말을 하는 홍준표가 2017년 제17대 대선에서 '서민'이라는 문구를 누구보다 내세웠던 후보였다는 걸 상기하자. 마찬가지로 대중의 마음을 어루만지는 일에 앞장서는 듯하면서 황우석 논문 조작 사건을 믿거나, 대선 투표 개표가 조작되었다는 이야기를 무책임하게 퍼뜨리는 대안언론인도 있다.

　반권위주의는 자칫 반지성주의가 될 수 있고, 반지성주의에 대한 비판은 자칫 엘리트주의 옹호가 될 수 있다. 이러한 문제에 봉착하지 않고 선명하게 답을 내놓을 능력이 내게는 없다. 다만 질문하고 생각한다. 기존의 질서를 움켜쥐기 위해 알기를 거부하는 현상에 대해. 권력에 저항한다면서 다른 방식으로 권력 행위를 하는 모순에 대해.

주로 2000년대 이후 문화에 한정해 한국 사회의 반지성주의를 논하기 위해 이 사회의 수많은 현상 중에서도 '블랙리스트', '나꼼수 현상', '메갈리아'를 열쇳말로 삼았다. 이 현상들이 각각 한국의 보수 우파, 중도 우파, 진보 좌파 진영에서 공통적으로 흐르는 '알기를 거부하는' 어떤 상태를 담고 있기 때문이다. 당파와 세대, 계층을 떠나 모두가 손을 잡고 알기를 거부하는 어떤 문제가 대한민국 민주주의의 바다에서 헤엄치고 있다. 보수 우파가 물러나고 진보가 정권을 잡든, '먹물'이나 '꾄'이라는 '구좌파'를 놀리며 '잡놈'이라는 새로운 좌파가 자리잡든 알기를 거부하는 공통적인 문제가 있다.

# 1장
# 블랙리스트와 저항

이명박 정권에서 언론을 망가뜨렸다면 박근혜 정권에서는 예술계를 억압해 언론 표현의 자유를 심각한 지경으로 훼손했다. 2017년 3월 헌정 사상 최초로 대통령을 탄핵한 역사적 사건은 그래도 민주주의와 시민의 힘에 희망이 있다는 것을 보여줬다.

직접적인 대통령 탄핵 사유가 되지는 않았으나, 중요한 정치적 문제로 시민의 심각한 분노를 이끌어낸 사안 중 하나는 문화예술계 블랙리스트 사건이다. 박근혜 정부는 거대한 블랙리스트를 만들어서 검열을 수시로 행하고 예술가들의 지원을 제한했으며, 특정 작품의 발표를 막았다. 한편 특정 보수 단체를 지원하는 '화이트리스트'도 있었다. 석 달에 걸친 재판 끝에 2017년 7월 김기춘 전前 청와대 비서실장은 1심에서 징역 3년 형을, 조윤선 전前 문화체육관광부 장관은 블랙리스트 건에서 무죄를 선고받았다. 후에 2심에서 김기춘은 4년으로 형이 늘어나고 조윤선도 유죄가 인정되었다. 그러나 이 문제를 사법부가 어떻게 판단하는지를 담은 1심 판결문은 충격적이다. 정작 책임자인 전前 대통령 박근혜는 공범이 아니라고 밝히고, 이른바 좌파 지원을 축소하고 우파 지원을 확대한 것은 "헌법이나 법령에 위반된다고 볼 수는 없다"라고 했다. 지지 성향에 따라 예술가의 창작을 제한하는 정부의 권력 개입을 사법부가 정당하게 여긴 셈이다.

2017년 5월 문재인 정부가 들어선 후 청와대는 이전 정부에서 미처 파기하지 못한 문서를 발견했다. 그중 "문화예술계 건전화로 문화융성 기반 정비"라는 문건이 있다. 실제로 박근혜 정부는 '문화융성 추진 계획'을 세웠다. 좋은 이름이 붙은 계획이지만, 실상은 문화예술계 블랙리스트 작성이었다. 박근혜 정부가 공공연히 행했던 블랙리스트 작성 문제를 언급하기 전에, 박근혜의 문화예술계 '건전화'와 '문화융성' 개념을 파악해야 한다. 이를 위해 우선 대한민국 정부 수립 이후 행해졌던 문화정책을 대략적으로 살펴볼 필요가 있다. 오늘의 사회현상은 과거와 단절된 채 어느 날 갑자기 불쑥 만들어지진 않는다.

## 1. 통제와 억압의 문화사

이승만과 윤보선 정부는 정부 수립과 법제도 마련 등 기본적인 국가체제 정비에 치중해야 했으며, 한국전쟁 발발 등으로 인해 이렇다 할 문화정책을 마련할 틈이 없었다. 1950년대에는 국립극장, 국립국악원, 대한민국학술원, 대한민국예술원 등의 기관을 만들어가는 정도였다. 1960년 5·16 쿠데타로 집권한 박정희 정권은 국가 주도적 문화예술정책을 시행했다. 1963년 12월부터 1979년 3월까지의 박정희 연설문을 바탕으로 박정희 정권의 문화예술정책을 분석한 논문에 따르면, 박정희는 문화를 제2의 경제라는 관점으로 인식했다. 박정희에게 문화는 '조국근대화'를 위한 이데올로기적 수단이다. '민족문화'와 '정신문화'를 고양해 국가 근대화에 필요한 '국민정신'을 만들어내는 수단으로 그는 문화예술을 활용했다.[8]

박정희가 강조한 정신문화란 다양한 지적 유산이 아니라 민족성이다. 문화예술에서 민족적 순수성에 집착했던 그는 서구문화를 비정신적이고 반민족적인 세계로 여기기까지 했다. 지금도 그렇지만 '서구문화'란 종종 '무분별한 수용'이라는 말과 함께 짝을 이룬다. 순수한 우리 세계를 오염시키는 외래의 침범으로 봤기 때문이다. 장발과 미니스커트, 생맥주, 록음악이 상징하는 젊은이의 새로운 문화는 바로 박정희가 지향하는 민족문화가 아니기에 단속의 대상이었다. 박정희의 문화정책은 곧 국가 주도적인 전통문화 계승이라는 명목으로 자연스럽게 새로운 대중문화의 통제로 발전했다. 박정희는 대통령 취임사에서 "전통과 문화를 계승 발전시키고 문예와 학술의 적극적인 창발로 문화 한국 중흥에 각별한 관심과 지원을 다할 것"⁹이라고 나름의 문화정책 방향을 발표한 최초의 대통령이다. 실제로 박정희 정권에서 기본적인 문화정책 기관들이 만들어졌으나, 이 기관들은 국책 사업으로 반공 영화 같은 작품을 만들거나 검열에 앞장서는 역할을 했다. 1963년 설립한 문화예술인총연합회(예총)는 예술가들에게 순수하게 맡겨졌다기보다 정치권력이 문화예술인에게 정책적 영향력을 행사하기 위해 만들어졌다. 1968년 문화교육부가 문화공보부로 개편되면서 문화 관련 업무가 구체화되었다. 1973년 박정희가 '문예 중흥'을 선언한 이후 본격적인 문화정책이 이어졌고, 1974년 정부는 250억 원을 들여 '제1차 문예 중흥 5개년 계획'을 세웠다. 반공 홍보와 새마을운동도 이 계획에 해당한다. 또 정부는 각종 '윤리위원회'의 이름으로 문화예술 검열을 제도화했다. 한국방송윤리위원회, 한국신문윤리위원회, 한국공연윤리위원회 등이 당시에 만들어졌다. 이 윤리위원회들은 금지곡과 금서 목록을 만드는 정책에 일조했다.

　이러한 정책과 더불어 대중매체 변화 양상을 살펴볼 필요가 있다. 1969년 19만 대였던 텔레비전 수상기는 1975년에 200만 대가 넘게 보급되었다. 박정희가 사망하기 직전인 1979년 10월에는 570만 대가 넘었다. 텔레비전 시청자의 증가는 드라마와 광고, 각종 오락 프로그램을 다양하게 만들어내, 그야말로 대중문화가 안방에 들어가게끔 하는 견인차 구실을 했다. 정부가 가만히 있을 리 없었다. 정부는 방송 편성에 개입해 대중문화를 통제했다. 대중문화의 성장이란 우리의 순수한

민족문화가 불순한 서구에 물드는 상징이며, 다양한 문화를 접촉하는 대중은 국가 차원에서 통제하기 어렵다고 생각했기 때문이다. 박정희는 그러한 '오염'에서 국민을 계몽하고 건전성을 유지한다는 명목으로 실상은 국민을 체제 순응적으로 만드는 우민화 정책을 편다.

1975년 6월 정부의 '긴급조치 9호'가 발효되었고, 여기에는 '공연 활동의 정화 대책'이 포함됐다. 공연계는 정화의 대상이 되었다. 금지곡은 대대적으로 늘어났으며 가수들은 음반을 발표할 때 의무적으로 '건전가요'를 한 곡 넣어야 했다. 건전가요를 통해 국민이 나쁜 것에 물들지 않고 올바른 정신 상태를 유지하도록 한다는 명목이었다. 이즈음 박근혜의 등장에 주시하자. 1974년 8월 15일 육영수 사망 후, 박근혜는 퍼스트 레이디 대행을 하면서 유신체제 한복판에서 적극적으로 활동했다. 그의 대표적인 활동이 '새마음 갖기 국민운동'이다. 이 운동은 '우리 고유의 전통'과 '정신문화'를 강조했다. 이 운동이 본격적으로 시작되기 얼마 전 박근혜는 텔레비전 방송에서 다음과 같이 말했다.

"1977년 1월 3일 저녁 MBC TV는 신년 특집 프로그램 〈대통령 영애 박근혜양과 함께〉라는 특집 프로그램을 방영했다. 이 자리에서 박근혜는 '오늘날과 같은 급변하는 사회에서 물질주의 사고방식으로 인해 무너진 우리의 아름다운 전통을 되찾고 튼튼한 복지국가의 기반을 마련하자는 새마음 갖기 운동이 범국민적으로 이루어지기를 바라요'라고 말했다."[10]

박정희의 피살, 이어진 전두환의 쿠데타와 집권으로 새마음 갖기 국민운동은 자연스럽게 와해되었다. '새마음'이라는 이름에서 알 수 있듯이 이 운동은 국민의 정신 개조를 목적으로 한다. '하면 된다' 정신이 깃든 박정희의 저서 『우리 민족이 나갈 길』을 비롯해 이러한 문화운동의 기본 정신은 조금 더 앞선 역사에서도 찾을 수 있다. 이는 3·1운동 이후 시작된 일본의 문화 통치에 협조한 이광수가 1922년 발표한 '민족 개조론'과 흡사하다. "조선인처럼 관대한 자는 타민족에서는 보기 어렵습니다"라는 이광수의 생각처럼, 우리 민족의 순수성을 강조하면서 우리의 마음을 새롭게 개조하자는 뜻이다. "개인보다 단체를, 즉 사보다 공을 중히 여겨 사회봉사를 생명으로 알게" 만들자는 이광수의 민족 개조론은 박정희 정권의 정책에서도 배어난다.

이러한 정권에서 활동한 박근혜에게 문화운동은 국민의 마음을 단결케 하고, 나아가 국민을 국가를 위한 하나의 집단으로 키워내는 수단으로 익숙했다. 초가지붕을 없애듯이 국민의 정신은 국가 차원에서 갈아엎을 수 있는 대상이었다. 2013년 10월 1일 열린 제2기 문화융성위 2차 임시 회의록에는 "인문 정신이 바탕이 되는 사회를 만들기 위해 과거 새마을운동처럼 '새마음운동'을 추진하여 생활 속에 인문 정신과 생활 문화가 확산되도록 한다"[11]는 발언이 있다. 박근혜의 의식은 '새마음 갖기 운동'에 머물러 있었다. 1978년 박정희 역시 제9대 대통령 취임사에서 문화정책을 언급했다. "조상이 물려준 문화 전통과 정신 유산을 알뜰히 보전하고 창조적으로 계발해 격조 높은 민족 문화를 꽃피워야 하며 건전한 사회가 바탕이 되어야" 한다고 말한다.[12] 여기서 박정희가 언급한 '창조적', '건전한' 등의 언어는 박근혜에게 고스란히 넘어왔다. 박정희가 유신독재체제를 이용해 노골적으로 검열과 통제 정책을 펼쳤다면, 박근혜는 최소한 정치적 민주화 아래 억압을 감추면서 자행했다는 차이가 있을 뿐이다. 참고로 이 '건전'은 일제강점기 문화정책에서도 중요한 개념이었다. 건전과 명랑. 박정희가 1960년대에 '명랑 사회'를 내세웠다는 점을 상기하면 일제강점기 문화정책과의 교집합은 점점 늘어난다.

통제와 검열, 우민화 정책은 1980년대 전두환 정권에서도 이어졌다. 박정희와 마찬가지로 쿠데타로 집권했으며 광주에서 학살을 자행한 전두환은 대중이 정치에 관심을 가지지 않게끔 하고자 문화를 활용했다. '정신문화'를 강조하며 '민족'과 '국가'를 위한 국민을 양성하던 박정희 정권과 달리 전두환 정권은 아예 정치 자체에 무관심한 대중을 만들기로 작정한다. 3S 정책이 이에 해당한다. 스포츠sports, 성sex, 영상screen을 통해 대중문화를 육성하는 듯했지만 목적은 역시 우민화 정책이다.

박정희 정권 시절 반공 영화가 국책 사업이었다면 1980년대에는 에로 영화가 폭발적으로 제작되었다. 정인엽 감독의 〈애마부인〉 시리즈가 대표적이다. 흥미롭게도 '우민화'라는 애초의 의도와 달리 이 시절의 문화정책은 다른 한편으로 대중문화가 다양해지는 계기를 마련했다. 1980년대는 국제 영화제에 한국 영화가 본격적으로 진출하기 시작한 시기다. 이두용 감독의 〈피막〉(1980)이 한국 영화 최초로 베니스영화제 본선에 진출해 감독 부문 특별상을 수상했으며, 1983년에도 이두용 감독의 〈여인 잔혹사 물레야 물레야〉가 최초로 칸영화제 주목할 만한 시선 부문에 진출한다. 1989년 〈달마가 동쪽으로 간 까닭은〉이 로카르노영화제에서 대상을 받고, 배우 강수연이 베니스영화제(1987)와 모스크바영화제(1989)에서 여우주연상을 수상했다. 국제무대 진출과 수상이 반드시 작품의 질을 보장하진 않으나 억압되었던 대중문화가 그나마 다양해졌음을 시사한다.

부분적이나마 국제적으로 한국 영화가 알려진 반면, 가정으로 송출되는 텔레비전 방송에서는 여전히 높은 수위로 검열이 자행되었다. 대통령을 닮아 텔레비전 출연을 금지당한 연예인이 있을 정도로 대중문화에서 정치의 모습은 철저히 금기시되었다.* 그럼에도 이 시절에 대통령을 비롯해 정치인, 재벌을 풍자하는 용기 있는 개그가 생산되었다는 점은 특기할 만하다. 개그맨 최병서는 정치인과 대통령 성대모사를 했고, 김형곤, 엄용수 등은 〈유머1번지〉의 코너 "회장님 회장님 우리 회장님"에서 재벌 그룹의 회의실을 재현하는 시사 풍자를 선보였다.

또한 정치에 무관심한 대중을 만들려고 했지만 지식인 사이에서 『자본론』이 조심스레 번역되고, 1987년 6월항쟁으로 대표되는 민주화운동처럼 대학생과 시민들의 저항은 오히려 거셌다. 많은 이들의 희생으로 민주화운동을 거쳐 군사독재 정권이 지나가고 직선제를 통해 노태우 정권이 들어섰다. 전두환 정권까지 정부가 국가의 기본적인 문화기반 시설을 마련해왔

---

* 고인이 된 탤런트 박용식은 전두환과 닮았다는 이유로 1980년대에 약 4년 정도 방송 출연 금지 조치를 당했다. 1990년대에 그는 다시 복귀해 드라마 〈제3공화국〉과 〈제4공화국〉에서 전두환 역할을 맡았다.

다면, 노태우 정부는 한국예술종합학교를 세워 예술교육의 제도적 기반을 만드는 등 창작자 양성을 위한 정책을 본격화한다. '문민정부'인 김영삼 정부는 박물관과 도서관 등의 문화시설을 늘리는 등 문화 수요자를 확장시키는 정책을 폈다. 김영삼 정부 이후 정부의 검열과 통제형 문화정책은 이전보다 상대적으로 느슨해졌고, 그에 따라 대중문화가 활발해진다. 드라마 〈응답하라〉 시리즈가 1988년, 1994년, 1997년을 다룬 까닭이기도 하다. 군사독재 시절 이후부터 IMF 외환위기 이전까지 시기에 대중의 문화적 숨통이 잠시 트였다. 이 시절은 2010년대 이후 '복고'의 이름으로 불려나올 정도로 사람들이 추억하는 시대가 되었다.

그러나 소설이 외설적이라는 이유로 권력이 창작자를 감옥에 가둔, 마광수의 『즐거운 사라』 외설 논쟁 사건도 바로 이 시기 일어났다. 1992년 10월 마광수는 작품 때문에 구속되어 재판을 받았고 그해 12월 징역 8개월에 집행유예 2년을 선고받았다. 1997년 이러한 필화 사건은 또 발생했다. 『내게 거짓말을 해봐』의 작가인 장정일이 역시 작품 때문에 구속된다. 보석 석방과 항소를 거쳐 그는 1998년 2월 징역 6월에 집행유예를 선고받는다.

그나마 가장 '간섭 없는 지원'을 실천한 시기는 김대중과 노무현 정부다. 김대중 정부, 노무현 정부 당시에는 정치적 검열은 수그러들고 주로 성 표현물의 수위, 청소년 연령 제한, 대마초 비범죄화 등과 같은 주제가 논의 대상이었다. 김대중은 문화가 정치와 관료에게서 거리를 두도록 하는 '팔길이 원칙'*을 인식한 대통령이다(실천이 잘 되었는지는 별개다). 정부의 정책 홍보나 민족문화 융성을 위한 전통 보존 차원이 아니라, 다양한 문화예술 지원이 그때부터 본격화되었다. 내용의 질은 논외로 하고, 정부 예산 총지출 대비 문화예술 지원액 비율 1퍼센트를 처음 달성할 정도로 김대중 정부는 문화를 적극적으로 지원했다. '한류'를 비롯한 문화상품과 문화산업 개념이 널리 퍼졌으며, 한국 영화도 이 시기 번성했다.

문화예술은 국가정책의 홍보 도구에서 벗어났지만, 또다른 역할을 맡게 되었다. 산업이다. 정부가 '문화산업'을 인식하게 된 본격적인 계기는 1993년 스티븐 스필버그의 영화 〈쥬라기 공원〉의 세계적 흥행이다. 이는 곧 "영화 한 편으로 벌어들인 돈이 쏘나타 자동차 150만 대를 수출한 효과"라는 수사를 만들었고, 이렇게 정확하게 이윤이 수치로 표현되자 문화산업 효과를 향한 기대는 폭발적으로 커졌다. 잘 팔리는 상품이 곧 예술의 미적 수위와 동일시되기에 이른다. 2003년 영화 〈실미도〉가 최초로 관객 1,000만 명을 돌파하면서 '1,000만 영화'는 마치 한국 영화가 주기적으로 도달해야 하는 어떤 고지처럼 인식되었다. 1,000만 영화를 향한 스크린 독과점은 더욱 심해져서 2015년 개봉한 〈베테랑〉이나 〈암살〉처럼 영화 한 편이 전체 스크린의 30~40퍼센트를 장악하는 경우마저 있다.

상대적으로 잠시 느슨했던 통제형 문화정책은 이명박과

---

* arm's length principle. 팔길이 원칙은 1945년 영국에서 처음 시작한 제도로, 정부가 예술 활동에 지원은 하되 간섭은 하지 않는다는 원칙이다.

함께 귀환했다. 이른바 '잃어버린 10년'을 되찾겠다는 듯 이명박 정부는 다시금 문화예술계에 노골적인 정치적 간섭을 시작했다. 2008년 취임한 이명박은 그해 말 '문화비전 2012'를 수립한다. 문화정책의 목표는 "품격 있는 문화 국가, 대한민국"이었다. 주요 전략 중에는 '문화를 통한 녹색성장'이 있다. '녹색성장'은 이명박 정부의 주요 정책으로, 문화는 이 녹색성장의 도구 중 하나로 전락했다.

역대 문화부 장관 중 최장수 재임 기록을 세운 유인촌은 자신의 권력을 '문화계 좌파 청산'을 위해 휘둘렀다. 정치적 이유로 2008년 김정헌 한국문화예술위원회 위원장을 내몰았고, 정치적 의견을 드러냈다는 이유로 김미화, 김제동 등의 방송인을 언급하며 '소셜테이너'를 통제했다. 문화예술은 다양성을 지지받지 못한 채 감시받았다. 문화정책은 간섭 없는 지원이 아니라 지원 없는 간섭으로 향했다. 정부는 한국대중음악상 시상식 지원을 끊고, 국립오페라합창단을 해체했으며, 날치기로 미디어법을 통과시켰다. 조금이라도 다른 생각을 말하는 이에게는 '종북' 낙인을 찍었다. 『자본론』을 강의하는 대학 강사를 국정원에 신고하는 사태까지 벌어지는 등 광포한 사상 검증이 벌어졌다. 광적인 종북 사상 검증과 낙인은 박근혜 정권이 들어선 후 통합진보당 해산과 이석기 의원 구속으로까지 치달았다.

횡포에 가까운 이명박 정권의 문화'정책'은 박근혜 정부로 고스란히 이어졌다. 2009년 노무현의 죽음 이후 진보 진영의 집결을 두려워한 보수층은 대중에게 노출되는 문화예술인의 정치적 발언과 참여에 과도한 방어전을 펼쳤다. 유신의 후예인 박근혜는 이명박이 깔아놓은 토양 위에 제 나름의 문화정책을 펴나간다. 국민의 마음을 새것으로 갈아엎는 새마음 갖기 운동을 적극 이끌었던 인물답게 박근혜는 문화예술인을 개조하려고 했다. 그의 입장에서는 자신을 지지하지 않으면 비정상이다. '창조', '기운', '혼' 등 국가지도자가 사용하기에는 부적절한 언어를 부적절한 방식으로 언급하면서 그는 '비정상의 정상화'를 추구했다. 김기춘과 조윤선 공판에서 밝혀진 바에 따르면, 세월호 참사 이후 본격적으로 블랙리스트가 작성되었으며 2014년 6월 문화체육관광부는 최초로 명단을 전달받았다. 2013년 말 노무현을 소재로 한 영화 〈변호인〉이 흥행했고, 2014년 봄 세월호 참사로 국민의 정부 불신이 심화하는 현상을 마주하며 박근혜 정부는 정치적 위기를 느꼈다. 이를 '비정상'이라 여긴 박근혜 정부는 더욱 강경한 문화예술 억압으로 '정상화'를 시도한 것이다. 정부를 비판하거나 정부에 의혹을 제기하는 작품은 모두 검열했다. 세월호 사건을 다룬 영화 〈다이빙벨〉 개봉을 방해했으며, 2014년 이 영화를 상영한 부산국제영화제 집행위원장의 사퇴를 압박했다(이러한 정치적 압력이 오히려 〈다이빙벨〉의 문제점을 말하기 어렵게 한다). 또한 박근혜는 문화예술계를 개인의 놀이터로 삼는 경향이 있었다. 2016년 3월 김영나 전前 국립중앙박물관장은 박근혜가 관심을 표명한 프랑스장식미술전 개최를 반대한 이유로 자신이 경질되었다고 밝혔다.

박근혜 정부의 블랙리스트는 광범위하게 적용되어 무려

1만 명에 가까운 문화예술인이 명단에 올랐다. 블랙리스트에 오른 기준은 다음과 같다. 2012년 12월 문재인 당시 대선후보를 지지 선언했던 문화예술인 4,110명, 2014년 6월 2일 세월호 시국선언을 한 문학인 754명, 2014년 6월 서울시장 선거 박원순 후보 지지 문화예술인 909명, 2015년 5월 1일 '세월호 정부 시행령 폐기 촉구 선언' 서명 문화인 594명 등을 기준으로 총 9,474명이 정부의 지원 대상에서 배제되었다. 블랙리스트 규모가 워낙 크다보니 예술가들은 명단에 이름이 없으면 "내 이름은 왜 없느냐"는 농담을 했고, 명단에 이름이 오르면 '명예의 전당'에 올랐다며 '국가의 인증'을 받았다고 말할 정도였다.

지금까지 살펴본 대한민국의 문화정책은 개인의 자유를 억압하고, 정치와 대중을 분리하는 수단이었다. 정부는 과거 우민화 정책과 국가 이데올로기의 도구로 문화를 활용했으며, 2000년대 이후로는 이윤 창출을 위한 산업의 도구로 문화 개념을 확장시켰다. 한국에서 창작자와 시민은 정치적 민주화의 흐름 가운데에서도 사상과 표현의 자유를 수시로 구속받았다. 시민으로서 표현과 자유에 관해 제대로 배우고 훈련받을 수 있는 기회가 극히 드물었다고 할 수 있다. 그 때문일까. 미숙한 앙가주망은 정치인의 '팬'되기 형태로 나타났다. 문인들은 제19대 대선을 앞두고 문재인 후보 지지를 위해 '오구오구우쭈쭈 5959uzuzu.com' 라는 사이트 이름으로 문재인 웹 매거진 〈문카운트〉를 만들었다. 한쪽에서는 검열을, 다른 한쪽에서는 '지지'라는 명목의 팬덤을 쌓는다. 지성의 '팬덤' 시대, 비판적 지식인과 비평의 위치는 어디에 있을까.

## 2. 팬덤 정치

팬덤은 특정한 인물이나 분야를 열광적으로 좋아하는 문화현상을 일컫는다. 팬덤fandom은 '팬'과 '덤'의 합성어다. 광신자를 뜻하는 '퍼내틱fanatic'의 '팬fan'과 영지, 나라 등을 뜻하는 접미사 '덤-dom'이 만나 이루어진 단어다. 그런데 이러한 팬덤 현상 가운데 정치인 팬덤 현상을 비판하면 '자발적으로', '자기 돈으로' 팬 활동을 하는 게 무슨 문제냐며 '쿨하게' 받아들이는 시선도 있다. 하지만 정치에 참여하는 시민이 정치인 팬덤 현상에 비판적이지 않다면 그건 신앙심과 참여 정신을 분리하지 않겠다는 뜻이다.

정치인을 둘러싼 팬덤 현상은 대통령 생일을 축하하는 방식에서 더욱 선명히 드러났다. 드물지만 영향력 있는 역사적 인물의 생일은 기념일이 되거나 관련 단체에서 기념한다. 예를 들어 마틴 루서 킹의 생일인 1월 15일은 미국의 공식 휴일이다. 예수와 부처와 같은 성인聖人이 아닌 한 사람의 생일이 전 국가적 휴일이 되는 경우는 흔치 않다. 버락 오바마의 정치적 고향인 일리노이주에서는 2018년부터 오바마의 생일인 8월 4일을 기념일로 정했다. 최초의 흑인 대통령이라는 정치적 상징 때문에 아마 누군가에겐 정말 '태어나줘서 고마운' 사람일지도 모른다. 이 기념일은 일리노이주에만 해당되고, 법정 공휴일도 아닌 무급 휴일이긴 하지만 여전히 살아 있는 사람의 생일을 기념일로 만드는 정책에 조금 갸우뚱하게 된다.

2018년 1월 서울시 몇 군데의 지하철역에 문재인 대통령의 생일 축하 광고가 등장했다. "해피 이니 데이", "문 라이즈

데이"처럼 대통령의 이름을 활용한 생일 축하 문구가 들어간 광고였다. 나아가 일부 지지자들이 "태어나줘서 고맙다"는 문구로 뉴욕 타임스퀘어에 문재인 대통령 생일 축하 광고를 펼쳤다. 이를 반기는 이들은 '아이돌 스타에게는 해도 되는데 정치인은 왜 안 되냐', '외국에서 부러워할 것이다', '제 돈으로 좋아하는 정치인 생일 축하 광고하겠다는데 뭐가 문제냐'고들 한다.

이 문제에 대해 '세금이 아니라면 무슨 상관이냐'는 반응이 적지 않았다. 어떤 행위를 판단하는 기준이 내 돈이냐 남의 돈이냐, 자발적이냐 강압적이냐에 국한되어 있다. 그렇다면 국가가 돈을 준다면 국가의 말을 들어야 한다는 논리도 성립된다. 또한 나의 후원을 받는 후원 대상이니까 나의 요구에 응해야 한다는 주장도 가능해진다. 실제로 이런 생각을 가진 사람들이 많다. 비판할 수 있는 자격이 돈을 지불했느냐 아니냐에 달렸다는 건, 인간의 생각이 돈의 지배를 받아도 된다는 뜻이다. 게다가 아이돌 스타와 정치인을 아무렇지도 않게 동일시한다. 실제로 지하철역에는 아이돌 스타의 생일이나 데뷔 기념일을 축하하는 광고가 즐비하다. 돈을 내고 좋아하는 스타의 생일을 축하하듯이 한국 대통령의 생일을 미국 뉴욕에서 광고하는 게 뭐가 문제냐는 식이다.

박근혜의 탄핵을 슬퍼하며 그의 집 앞에서 "마마"를 외치던 목소리도 역시 자발적이었다. 박근혜는 이러한 환상에 잘 봉사했고 그것이 그의 정치적 자산이었다. 물론 박정희—박근혜로 이어지는 숭배와 노무현—문재인으로 이어지는 열광적인 지지의 양상이 동일하다고 생각하지는 않는다. 후자의 지지자들은 전자와 달리 그 지지 대상에게 인간적인 친밀함을 느낀다. '각하'나 '국모', '마마'라는 호칭이 아니라 '노짱'이나 '달님'처럼 친근한 호칭을 사용한다. 그러니 박정희 동상을 참배하는 행동과 대통령 생일 축하를 광고하는 모습이 동일하다는 과격한 주장을 펼 생각은 없다. '박근혜를 사랑하는 사람들'과 '노무현을 사랑하는 사람들'은 애시당초 각기 지향점이 다른 '사랑하는 사람들'이다. 그러나 우상화와는 다르다 해도, 아이돌 연예인을 대하듯이 정치인에게 환호하는 태도는 과연 안전할까. 시민의 정치적 참여가 '팬심'으로 변모하고 있다. 이 자발적 행동을 막을 수는 없어도 비판할 수는 있다.

연예인은 어느 정도 환상을 파는 직업이다. 환상을 향한 사랑은 때로 실체를 외면하고 착취한다. 그렇기에 그 환상과 자신의 실체 사이의 괴리감만큼 연예인의 외로움도 자란다. 정치인에 대한 사랑을 열렬히 표현하는 태도는 어떨까. 갈수록 정치인을 향한 애정 표현이 정치적 참여와 동일시된다. 참여는 주체적 개입이다. 당연히 비판적 성질을 띤다. 그러나 '우리 이니'에게 너무도 친근함을 느낀 나머지 어느 정도의 거리두기조차 때로 인정하지 않는다. 비판 없는 지지, 곧 "우리 이니 하고 싶은 거 다 해"라고 외친다. 개입이라기보다는 맹목적 응원과 찬양에 가깝다. 게다가 이 '사랑'을 뉴욕이라는 시장 권력 한복판에서 과시하고 인정받고 싶어한다.

일반적인 지지자뿐 아니라 일부 정치인도 대통령에 대한 '사랑'을 내세운다. 2018년 국회의원 재·보궐선거에서 더불어민주당 후보로 송파 을에 출마한 최재성은 '대통령의 복심'이라고 자신을 홍보했다. 이 '복심'이라는 말은 꾸준히 정치에서 쓰여왔다. 그러나 선거에 출마한 정치인이 '대통령의 복심'이라는 문구를 어깨띠에 새겨 두르고 다니는 모습은 매우 이색적이다. 배 복腹, 가슴 심心, 곧 대통령의 배와 가슴처럼 중요한 핵심인물이라는 뜻이다. 대통령과의 관계를 선거에서 핵심 홍보 수단으로 활용할 정도로 대통령에 대한 인기와 신뢰가 높았다는 방증이다. 이 부분은 특히 경북 지역에서 선거 출마자들이 박근혜와의 연결고리를 광고하며 지지를 호소하는 모습과 닮았다.

'촛불혁명'이라고도 불리는 시민의 힘으로 정권은 교체되었다. 그러나 정권 교체만으로 이 사회가 민주주의와 인권의 세계로 들어간다고 생각하진 않는다. 한국의 보수와 진보는 서로 색깔은 다른 듯하나 '애국'이라는 틀과 어떤 사람을 추앙한다는 면에서 공통점이 많다. 더불어민주당 지지자들은 박정희 동상을 세우지는 않지만 친근함이라는 이유로 뉴욕 한복판에 생일 축하 광고를 한다.

돈과 자발성을 판단의 기준으로 삼는다면, 단식하는 세월호 희생자들의 유족 옆에서 '폭식 투쟁'이란 걸 하는 파렴치한 행동도 비판받을 이유가 없다. 그들도 자발적으로 그 자리에 왔고, 누구의 돈을 강제로 뜯어서 짜장면과 피자를 사먹지는 않았다. 뉴욕에 걸린 노무현 비하 광고는 어떠한가. 그 광고를 낸 이도 자기 돈으로 자발적으로 냈을 것이다. 내 돈으로 내 마음대로 해도 되니까 이를 비판할 이유가 없다는 건 개인의 자유를 극단적으로 확장하는 시각이다. 더불어 자유를 돈의 주체에 따라 결정하는 태도는 인간의 모든 사고와 의지를 자본 아래 놓는 발상이다. 이 사안은 자유와는 별 상관이 없는 문제다. 왜냐면 누구도 그들에게 생일 축하를 하지 말라거나, 이를 법으로 금지하자거나, 생일 축하 광고를 낸 사람들을 사법 처리하자고 하지 않았다. 또한 자발성에 대한 무한한 긍정은 과연 긍정적인가. 문재인 지지자들의 행동을 긍정하는 전前 부장판사 이정렬*은 칼럼을 통해 문재인 지지자들의 자발성과 개성을 강조한 바 있다.

"연 인원 1,600만 명이 광장에서 촛불을 들었다. 원하는 것은 오직 하나, 제대로 된 나라를 만들자는 것일 뿐, 아무런 대가를 원하지 않은 자발적 행동이었다. 자발성과 대가를 원하지 않는 행동을 한다는 점에서 문빠들도 촛불정신과 닮아 있다. 이것을 가리켜 '촛불 현상' 내지는 '문빠 현상'이라고 불러도 되지 않을까? 능력 있는 전문가들이 문빠 내지 문빠 현상의 특성을 학문적으로 분석해주기를 기대해본다."[13]

이 글은 박근혜 정부 퇴진을 위해 2016년 10월에서 2017년 3월까지 이어진 촛불시위를 문재인 지지자들의 결집과 동일시한다. 어느 정도는 그렇다. '혁명'이라고 하지만 이명박, 박근혜 두 정권을 거치면서 퇴행한 정치를 '정상화'하자는 정도였다. 그조차도 결코 쉬운 일은 아니기에 이 '정상화'를 갈망하는 목소리에 아쉬움을 느끼는 것은 아니다. 그러나 정권 교

* 이정렬은 2011년 자신의 페이스북 계정에 "가카새끼 짬뽕" 등 이명박 당시 대통령을 풍자하는 게시물을 올려 법원에서 경고를 받았으나 이명박 정부를 비판하는 대중에게 지지를 받으며 알려졌다.

체와 '촛불'을 문재인 지지자들의 힘과 동일시하는 시각이 바로 '문빠'라 불리는 이들에게 우월감을 심어준다. 자신들이 정권 교체의 주역이라는 우월감 때문에 조금이라도 문재인 정부를 비판하면 그것을 '적폐'로 규정짓는다. 자발성은 하나의 태도이다. 자발적으로 '무엇을 어떻게' 하느냐에 따라 자발성이 일으키는 결과는 천차만별이다.


### 3. 저항의 방식 : 〈더러운 잠〉

문화예술계 블랙리스트의 존재가 밝혀지면서 정치적 탄압에 저항하기 위해 '표현의 자유를 향한 예술가들의 풍자 연대'에 소속된 20여 명의 작가들이 2017년 1월 국회 로비에서 시국을 비판하는 전시를 열었다. 2017년 1월 20일부터 31일까지 열린 이 전시의 이름은 '곧, 바이! 전展'이었다. 탄핵소추안이 국회를 통과한 후였기에 곧 대통령과 '바이'한다는 뜻을 암시한다. 표현의 자유에 저항하는 작가들의 연대는 바람직하다. 그런데 엉뚱한 문제가 불거졌다. 이구영의 작품 〈더러운 잠〉을 둘러싼 여성혐오 논란과 작품 훼손 문제였다. 여기서 우리는 이 두 가지 사안을 구별해야 한다.


### 본다는 것

우선 〈더러운 잠〉에 대한 비판 이전에 응시의 권력을 언급하고자 한다. "뭘 봐", "어디 눈을 똑바로 뜨고". 어딜 감히 보느냐는 말들이다. 낯선 사람에게 나도 두어 번 들어봤다. 어떤 사람에게 본다는 행위는 위험한 일이다. 반대로 수도 없이 보여지는 사람도 있다. 보이기만 할까. 품평도 당한다. 다리가 어떻고, 가슴이 어떻고, 입이 어떻고, 심지어는 속눈썹까지 섬세한 품평의 대상이 된다. 본다는 것은 때로 공격이기 때문에 아무나 감히 볼 수 없다. 특히 '낮은' 사람은 '높은' 사람을 그냥 보지 않고 우러러본다.

'시선강간'이라는 말이 있다. 성별 때문에 시선을 통한 폭력을 경험하는 여성들의 상황을 표현하는 언어다. 이 표현이 정확하다고 생각하진 않는다. '시선추행' 정도가 적합하다. 하지만 이런 언어가 만들어질 정도로 여성들은 시선의 침략에 수시로 맞닥뜨린다는 점을 생각하자. 표현의 정확성은 다시 고민하면 된다.

"말 이전에 보는 행위가 있다"는 존 버거의 말처럼 대부분의 인간은 말을 배우기 전부터 본다. 이 보는 행위는 점차 사회화되어 개인의 정체성에 따라 무엇을 어떻게 보는지가 달라진다. '모더니티의 수도' 파리를 묘사한 이들은 주로 남성이다. 샤를 보들레르를 시작으로 발터 베냐민에 이르기까지. 홀로 이동하고 볼 수 있는, 그러나 남들의 대상이 될 걱정이 없는 남성 만보객이다. 홀로 거리를 활보하며 변하는 도시와 변하는 사람을 '응시할 수 있는' 남성에 의해 주로 모더니즘의 우울한 정조가 탄생한다. 여성은 만보객이 되기 어려웠다. 성판매 여성을 '거리의 여자'라고 부르듯이 여성의 돌아다님은 정숙하지 못한 행동으로 여겨지며, 그 돌아다니는 여성은 시선에 포착된다. 무언가를 본다는 것은 그 보는 대상에 대해 '말할 수 있는' 사람만이 안전하게 취할 수 있는 태도다. 본 것을 말할 수 없는 사람은 살인 사건의 목격자처럼 위험해진다. 볼 수 있는 권력이란 곧 말할 수 있는 권력이다.

누군가의 얼굴을 직접 마주하고, 그의 눈을 바라볼 때 얼마나 그를 잘 속일 수 있을까. 얼굴에는 시선과 표정이 있다. 초등학생들을 인솔하고 판문점을 방문한 적이 있다. 그때 남북의 군인들이 코앞에서 대치하는 장소를 바라보고 있는데 우리를 담당한 군인이 알려주기를, 북한 군인에게 시선을 들키지 않기 위해 선글라스를 착용한다고 했다. 총을 들고 마주서 있는 군인들 사이에서는 시선도 하나의 무기인 셈이다. 그렇다면 '본다는 것'이 중요한 의미를 갖는 시각예술에서 여성은 어떤 위치에 있을까.

"미술사에서 여성 배제는 여성 '주체'의 배제이다. 그것은 남성 작가 주체의 경험과 가치를 재현한, 그런 의미에서 남성적 작품에 대한, 남성 관람자(또는 비평가, 미술사가) 주체의 경험과 가치를 기술한 이야기인 것이다. 거기서 여성은 남성 주체의 응시 대상인 이미지로서만 등장할 뿐이다. 물론 여성 작가와 관람자가 전혀 없었던 것은 아니지만 모든 소통의 관행이 남성적 언어로 수행되어 온 가부장적 질서 속에서는 여성도 남성으로서 말할 수밖에 없었다. 이런 '남성 주체─여성 대상'의 위계를 넘어서는 것이, 다시 말해 여성 주체를 복원하는 일이 또다른 미술사의 과제이다. ……미술사에서 복원되어야 할 여성 주체는 여성 작가와 관람자이다."[14]

이처럼 많은 여성 주체들을 지우고 대신 '뮤즈muse'라는 창작의 매개를 여성의 자리로 강조한다. 초현실주의에 참여한 여성 작가들보다 더 유명한 사람은 갈라Gala이다. 갈라는 창작을 하는 사람이 아니었으나 폴 엘뤼아르, 막스 에른스트, 그리고 살바도르 달리의 아내이자 애인이며 뮤즈로 유명하다. 미술사에서 선호하는 여성은 보는 주체인 창작자 여성이 아니라 남성의 시각에서 보는 여성이었다. 여성 창작자에게 예술적 영감을 주는 남성이 있다 하더라도 '뮤즈'라는 개념은 결코 중립적이지 않다.

인간이 동물과 구별되는 대표적인 두 가지는 예술 창작과 언어이다(물론 동물도 그들의 언어가 있다). 창작과 언어는 생각의 결과물이며 또한 생각을 표현하는 수단이다. 이에 근거해 인간은 동물을 지배할 수 있다고 생각한다. 존 버거의 『본다는 것의 의미』는 인간이 동물을 보는 의미를 구체적으로 다룬다. 근대와 함께 박물관처럼 동물원이 세워지면서 인간은 동물원에서 동물을 '구경'할 뿐, 동물과 '만나는' 일이 없어졌다. 정해진 공간 안에 갇힌 동물들은 그들의 의지와 무관하게 보여지기 위해 그곳에 있다. 미술관의 여성 누드는 어떠한가.

19세기 유럽에서, 제국주의가 퍼져나갈수록 에로틱한 여성 누드는 활발해졌다. 남성 누드가 군사력과 영웅을 상징한다면 여성 누드는 수동적인 모습으로 나타난다. 19세기 후반 프랑스 살롱에서 여성 누드의 비중은 전체 미술 작품의 50퍼센트에 가까웠다.[15] 식민지를 개척할수록 여성 누드는 번창했다. 여성의 수동적인 벗은 몸은 식민지 지배의 메타포였다. 동물과 식물은 수집되어 진열되었다. 인간 남성이 그렇게 '보는 존재'

의 위치를 점한다. 오늘날에도 흐트러진 머리와 말없이 초점 없는 눈동자의 모습은 자연과 여성을 조합한 여성적인 이미지로 통한다. 여성-동물-자연은 남성-문명에 의해 철저하게 타자화되고 지배받는 대상으로 존재한다. 간혹 남성 지식인이 자연 훼손을 비판한다며 '강간'이나 '매춘'이라는 표현을 극구 고집하는 이유는 이렇게 나름의 논리(?)에 근거한다.

## 〈더러운 잠〉을 둘러싼 시선의 정치

〈더러운 잠〉은 형식적으로는 조르조네의 〈잠자는 비너스〉(1510)와 에두아르 마네의 〈올랭피아〉(1863)에서 기본 구조를 가져와 박근혜 얼굴을 합성한 '풍자'다. 작품 속에서 박근혜는 조르조네 그림 속의 비너스의 몸과 합쳐진 채 잠이 들었으며 그 옆에는 하녀의 모습을 한 최순실이 주사다발을 들고 서 있다. 전체 구도는 〈올랭피아〉인데 누워 있는 박근혜의 몸은 〈잠자는 비너스〉에서 가져왔다.

박근혜를 침대 위에 나체로 누워 있는 '창녀'로, 최순실을 꽃다발을 든 하녀의 위치에 놓는다. 이는 박근혜의 '세월호 일곱 시간' 의혹과 관련이 있는 '풍자'라고 했다. 세월호 참사라는 중대한 사고가 발생해도 편히 잠이나 잔 '나쁜 대통령'을 풍자한 작품이다. 〈더러운 잠〉의 내용은 패러디 원본인 〈올랭피아〉와 아무 상관이 없다. 오직 벌거벗은 여성의 몸이 필요했을 뿐이다. 성, 인종, 종교 등을 풍자의 대상으로 삼는 행동은 약자와 소수자를 향한 조롱과 혐오로 이어질 뿐, 권력을 향한 풍자가 되진 않는다.

즉각 〈더러운 잠〉에 관한 비판이 제기되었으나, 비판의 목소리는 새누리당에 힘을 실어주는 입장으로만 치부되었다. 이 논란이 한바탕 지나간 후 '문화연대'를 비롯한 56개 문화예술 단체가 〈더러운 잠〉 훼손에 관한 책임을 묻는 성명을 냈다. '박근혜를 사랑하는 모임', 즉 '박사모'를 비롯한 보수 단체가 이 작품을 훼손하는 사태가 벌어졌기 때문이다. 성명서에는 이런 내용이 있다. "'나쁜 정치인' 박근혜 풍자에 '여성혐오' 문제를 제기하는 것은 본말의 전도다." 문화예술 단체의 성명에서 조차 이 그림의 문제가 무엇인지 제대로 인식하는 모습은 찾을 수 없었다. 작품 훼손과 작품 비판을 혼동했다. 표현의 자유를 둘러싼 논란에서 반복적으로 벌어지는 일이다. 작품에 대한 비판이 작품 훼손을 옹호하지 않는다는 당연한 말을 굳이 해줘야 한다.

이제 그림을 더 자세히 설명해보자. 〈더러운 잠〉에서 박근혜는 입꼬리를 얌전히 올린 채 눈을 감고 있다. 이 작품이 구도를 빌려온 마네의 〈올랭피아〉는 다름 아닌 여성의 시선에 의미가 있다. 그 여성(창녀)은 관객을 (감히) 본다. 입은 (감히) 웃지 않으며 자신을 바라보는 수많은 눈에 눈을 맞춘다. 앞서 말했듯이 수많은 여성 누드가 범람하던 시기인 1863년에 제작한 이 작품이 오늘날까지 특별한 의미로 남아 있는 이유다. 그러나 애초에 패러디의 원본인 〈올랭피아〉와 '박근혜 풍자'는 맥락이 통하지 않기 때문에 〈더러운 잠〉에서 등장인물의 시선은 필요없었다. 그저 조롱받을 여성이라는 몸이 필요했기에 누워 있는 박근혜의 몸은 평면적인 〈올랭피아〉의 몸이 아니라 전통적 방식으로 몸의 굴곡을 표현한 〈잠자는 비너스〉에서 빌려온다.

대신 '보는' 역할을 하는 인물은 따로 있다. 뒷편에 침몰하는 세월호가 있고 아주 작게 잠수사가 그려져 있다. 잠수사는 창문을 통해 누워 있는 박근혜를 들여다'본다'. 이 작품에 대한 한 언론의 글에 의하면, "상상은 '국민의 한 사람'인 이구영 작가에게 예술적 영감을 불러일으켰다. 그는 참담한 현실과 무심한 권력이라는 두 주제를 극명히 대비시키기 위해 누드 작품 패러디를 택했다"[16]라고 한다. 아마 잠수사의 시선은 '참담한 현실'을 드러내기 위해 필요했을 것이다. 그렇다면 '무심한 권력'을 보여주기 위해 왜 박근혜의 누드가 필요했을까. 아무 상관관계가 없다.

수많은 작품 중에서 어떤 특정 작품을 패러디한다면 그 원작을 가져온 이유가 있어야 한다. '왜 그 작품을 선택했는가'는 패러디의 중요한 축이기 때문이다. 그러나 〈올랭피아〉도, 〈잠자는 비너스〉도 박근혜가 저지른 부정한 국정 운영과 연결 지을 맥락이 없다. 그저 '여자 누드가 나오는 유명한 그림'이 필요했을 뿐이다. 작가의 얄팍한 의도가 드러난다. 패러디의 기본이 잡히지 않은 채 미적으로 '품질'이 떨어지는 작품이 단지 '저항을 한다'는 명목만으로 '저항하는 작품'이 될 수는 없다. 저항을 '어떻게' 하느냐라는 질문을 놓고 볼 때, 공허하기 짝이 없으며 또다른 권력인 남성의 시선 권력을 확인할 뿐인 작품이다.

정치인 박근혜를 비판하기 위해 여성의 벗은 몸을 들고나온 풍자는 '대통령'을 풍자한다기보다는 '여성'을 조롱하는 행위다. 역설적으로 이러한 사실은 이 그림에 '복수'를 하는 이들의 태도가 증명했다. '박사모'를 비롯해 이 작품에 분노하는 이들은 복수를 위해 전시회를 기획한 표창원 의원을 공격하기로 했다. 그러나 표창원이 아니라 그의 '여성' 가족을 대상으로 선택한다. 표창원은 여자가 아니기 때문이다. 사회적으로 남성의 몸과 여성의 몸은 읽히는 맥락이 다르다. 그러니 남성 정치인에게는 누드가 '복수'로 성립되지 않는다. 대신 그의 아내를 끌어와 공격한다. 박근혜를 모욕했다며 목소리를 내는 새누리당 여성 국회의원들은 "네 마누라도 벗겨주마"라는 피켓을 들고 있다. 이러한 행동들은 결국 '벗김'을 통해 모욕을 주려는 대상이 여성이라는 성별임을 스스로 증명한다.

　박근혜의 몸과 표창원 아내의 몸을 공격 대상으로 서로 주고받는 행위에서 남는 문제는 결국 '여성'이다. 이 문제가 젠더와 상관없다고 말한다면 기만이다(이와 별개로 항상 '성'과 관련되면 여성 의원들이 주르륵 나서는 현상도 일종의 성차별적 정치에 해당한다. '성정치'는 여성이 담당하라는 태도다). 김용민 PD가 이라크 전쟁을 비판한다며 미국 여성 국무장관을 향해 "강간해서 죽이자"는 발언을 했던 사실을 떠올려보자. 여성이라는 사람에 대한 비난, 응징, 복수, 분노, 저항은 모두 성적인 공격으로 향한다. '더러운 저항'이다.

　자신이 맡은 업무에서 일어난 과실이 그의 성별로 비판받을 이유는 없다. 이때 성별에 대한 집착은 필연적으로 '남성이 아닌' 몸에 대한 조롱을 낳는다. 여기서 성별의 자리에 다른 개념을 바꿔 넣어보자. 장애인이 정치를 했는데 실정을 했을 때 그의 장애가 있는 몸으로 조롱받아야 할까. 박근혜를 비판한다는 그림들은 출산*부터 누드까지 그의 성별에 집착했다. 여성을 몸으로 비난하지 않고서도 표현할 수 있다는 생각을 하지 못한다.

여성을 나체로 재현하는 행위는 모든 사회적 위치를 벗겨내고 오직 생물학적 정체성으로만 대상을 보여준다는 뜻이다. 인간에게 옷이란 몸을 보호하는 역할 외에 문화적 역할이 있다. 옷으로 사회적 위치를 드러내고 인격적인 보호를 받는다. 의복은 사회적 피부다. 나체는 모든 문화적 맥락을 걷어내고 생물학적 정체성으로 돌려놓는 역할을 한다.

이런 일이 벌어질 때마다 해당 작가는 자신의 불성실한 미적 성찰을 되돌아보기는커녕 자신이 억압당하는 피해자라는 착각에 빠진다. 왜 자꾸 '이런 짓'이 반복될까. 단순한 우연이 아니다. 〈더러운 잠〉이 만들어낸 논란은 정치적 시선과 시선의 정치가 엉겨붙어서 아주 '더럽게' 반죽이 되었다. 우리는 언제까지 비평을 검열로 바꿔치기해 비평 앞에서 가상의 십자가를 메고 검열의 희생양이 된 듯 구는 게으른 이들과 싸워야 할까.

표현의 자유는 어떤 창작물을 발표하거나 발언을 했다고 해서 개인이 부당하게 법적 처벌을 받거나 제도적으로 불이익을 받아서는 안 된다는 개념이다. 다시 말해서, 창작물이나 발언을 두고 비판할 때 자동적으로 '표현의 자유'라는 방어막을 치는 태도는 표현의 자유라는 개념을 전혀 이해하지 못한다는 뜻이다. 표현의 자유가 비판받지 않을 권리는 아니다.

* 홍성담의 〈골든타임: 닥터 최인혁, 갓 태어난 각하에게 거수경례하다〉라는 그림에는 박근혜가 '유신'을 출산하는 장면이 그려져 있다.

그뿐만 아니라 표현의 자유는 대부분 표현을 보호받지 못하는 약자를 위해 필요한 개념이다. '여성 누드'가 현재 싸워서 쟁취해야 할 표현의 영역에 해당할까. 비웃음당할 이야기다. 여성 누드는 그 자체로만 놓고 볼 때 아무 문제가 없다. 그뿐만 아니라 온 사방에 여성 누드가 합법과 불법이 의미가 없을 정도로 활용되고 있는 마당에 누드를 통해 얻어야 할 자유가 무엇일까. 여성 누드가 차고 넘치는 시대에?

　여성 누드는 남성으로 설정된 관객을 위로하는 역할을 해왔다. 누드가 절정에 다다르던 19세기 말 유럽의 한 풍경을 지적한 존 버거의 통찰이 이를 잘 보여준다. "정치인, 사업가들은 이와 같은 그림들이 걸려 있는 벽 아래서 의논하고 이야기를 나눴던 것이다. 회의중에 누군가가 자기보다 더 수완 좋은 사람에게 농락당한 기분이 들면, 그는 고개를 들어 그림을 보며 위로를 구했다. 그가 쳐다보는 그림은 그가 남자임을 상기시켜 주었다."[17] 박근혜를 비판하는 듯 보이는 〈더러운 잠〉은 실은 '여성' 대통령을 바라보며 자신의 남성성을 위로하는 남성의 시각이 빚은 결과다. 저항은커녕 젠더 권력을 가동시킨 작품이다.

　동물원에서 일정 공간을 벗어날 수 없는 동물과 이를 바라보는 인간의 관계처럼 표현의 자유를 빌미로 여성의 벗은 몸을 도구화할 때, 표현의 자유의 주체가 누구인지는 명확하게 드러난다. 블랙리스트를 주도한 혐의로 구속된 조윤선을 다루는 종편의 모습도 이러한 시선의 폭력에서 벗어나지 못했다. 화장하지 않은 모습이 강조되어 그는 자신이 저지른 죗값과 무관하게 또다른 영역에서 보는 대상이 된다. 여기서 보는 사람들은 누구인가. 누가 무엇을 보고 있는가. 여성의 민낯, 여성의 나체를 소비하며 낄낄대는 행위에 동참하면서 이룰 수 있는 민주주의는 누구의 민주주의인가.

'몰래카메라(불법 촬영영상)'로 여성의 신체를 공격하고, '리벤지 포르노'라고 불리는 불법 동영상으로 여성을 극단적인 '보는 대상'으로 만들어 '복수'한다. 본다는 것은 이렇게 폭력이 된다. 박근혜를 비판한답시고 '19금 동영상'을 기대하는 발언을 하거나, 그럴듯하게 포장한 '예술 작품'으로 누드를 전시하는 행동 사이의 거리는 생각보다 멀지 않다.

제목을 그냥 지나칠 수가 없다. 왜 이 작품의 제목은 '나쁜' 잠도 '못된' 잠도 '한심한' 잠도 아닌 '더러운' 잠이 되었을까. '더러운'이라는 낙인은 주로 특정 성별에게 더 자주 향한다. 오염에 중립은 없다. '더러운 년'과 '걸레'가 있고, 그 반대에 '순결'이 있다. 깨끗함과 더러움으로 분리되는 성별은 여성이다. 나아가 성소수자를 비난하는 데 '항문성교'라는 표현이 늘 출석한다는 걸 상기하자. '더러움'이라는 낙인이 필요한 것이다. 여성을 가장 욕보이는 수사로 활용되는 표현은 '나쁘다', '무능하다'보다는 '더럽다'라는 표현이다. 〈더러운 잠〉의 제목이 이러한 관념과 과연 무관하게 우연히 만들어졌을까.

트럼프가 미국 대통령이 되자 각종 풍자만화가 쏟아졌다. 그중에는 자유의 여신상과 한 침대에 있는 트럼프가 신문을 보며 아침 인사를 하고, 자유의 여신은 공포에 질린 표정으로 뒤돌아 누워 있는 모습을 담은 만평도 있었다. 자유의 여신은 미국의 민주주의를 상징하므로 트럼프가 민주주의를 위협한다는 의미다. 각종 성추행 사건을 만들었고 소문난 바람둥이인 트럼프의 이미지를 활용해 침대라는 공간으로 자유의 '여신'을 끌어들였다. 이런 만화를 보고 '선진국' 미국에서는 아무 문제가 없는 풍자가 '후진국' 한국에서는 문제가 된다고 한탄하는 시각도 있다. 안타깝지만 자유의 여신으로 상징되는 미국과 남성 대통령 트럼프의 동침이라는 설정도 성차별적 시각의 결과다.

　서구 국가에서 주로 국가의 상징으로 가상의 인물인 여성을 활용하는 이유는 여성의 깨끗함과 관련이 있다. 프랑스의 마리안느, 영국의 브리타니아, 그리고 독일의 게르마니아. 모두 여성이다. 미국의 자유의 여신도 그 연장선에 있다. 실제 여성이 국가에서 권력을 행사하거나 시민으로 인정받은 역사는 짧다. 그러나 가상의 이 '여신'들은 일찌감치 국가의 상징이 되었다. 여성을 존중해서가 아니다. 국가와 제도가 남성을 상징하기 때문에 시각적으로 '어머니처럼 자애로운' 이미지인 여성 인물을 국가 상징으로 내세워온 것이다. 또한 피 터지는 전쟁과 혁명의 이미지를 여성의 깨끗하고 온화한 이미지로 씻어낸다. 여성 인권과는 무관한 여성의 이미지일 뿐이다.

　저항은 무엇인가. 참여 예술로서 작품은 현실의 문제를 직시한다. 수용자는 이를 정치적 지시로 받아들이기도 한다. 참여 예술이란 제도에의 개입이며, 수용자를 이 개입으로 이끄는 역할을 하기 때문이다. 그런데 〈더러운 잠〉은 바라보기의 젠더 권력을 가동했다. 뤼스 이리가레의 지적처럼 "여성은 남성에 비해 바라보는 것에 덜 집착한다. 눈은 다른 감각보다 훨씬 더 객관화하고 지배하려 한다. 눈은 거리를 설정하며 거리를 유지

한다. 우리의 문화 속에서 냄새, 맛, 촉감, 청각을 지배하는 바라보기의 우월성은 신체가 서로 관계 갖는 것을 방해해왔다".[18] 이리가레의 발언에 부연하자면, 여성은 바라보는 것에 '덜 집착하도록' 권장받았으며 대신 응시의 대상이 되도록 길러졌다. 이는 '본능'이라는 생물학적 결정론으로 설명되어 '문화'로 자리잡았다. 응시는 남성의 권력이다. 〈더러운 잠〉은 이러한 '바라보기'라는 남성 권력을 '여성' 대통령을 향해 휘두른 작품이다. 그렇기에 이 작품은 참여라기보다 약자의 정체성을 끌어와 수치심을 유발케 하려는 태도이며, 이러한 수치심 유발을 저항으로 착각한 결과다. 블랙리스트와 이에 대항하며 마련된 전시에서 선보인 〈더러운 잠〉은 제도적 억압과 문화적 저항 사이에서 볼모가 되는 '여성성'을 보여주는 대표적인 사례다. 게다가 정치적 진보와 보수의 이분법이 작품의 판단 기준이 되어서는 곤란하다는 걸 알려주는 사례이기도 하다. 작가의 정치적 입장이 작품의 미학적 입장을 변호하거나 보장하진 않는다.


## 4. 자유와 저항

박근혜 집권을 전후로 박근혜를 풍자 비판한다는 작품들은 늘 여성을 끌어왔다. 박근혜의 '출산' 장면을 그린 홍성담이 정치적 보복의 대상이 되었던 사실과 별개로, 여성성을 공격하는 방식이 정치권력을 향한 저항으로 여겨지는 창작 행태에 관해서는 명백한 문제의식이 필요하다. 약자를 조롱하거나 혐오하지 않고는 그럴듯한 창작을 하지 못하는 미적 안목이 종종 저항이라는 액자를 두르고 나타난다. 현실을 제대로 직시하지 못하는 이러한 저항은 오히려 혐오를 고착화한다. 자유와 저항을 향한 여정이 그저 여성의 가슴과 자궁 사이만을 오간다. 2016년 가을 소셜미디어에서 '#○○ 내 성폭력'이라는 해시태그로 문학과 미술을 비롯한 문화예술계 성폭력에 관해 익명의 고발이 이어졌다. 이러한 고발이 터져나온다는 것은 이미 내부가 곪을 대로 곪았다는 뜻이다.

제도적 검열과 이 검열에 맞서 혐오 발화를 동반한 저항이 짝패를 이루어왔다. 저항을 내세우는 힙합에서도 이러한 현상은 뚜렷하다. 탄핵을 요구하는 촛불집회가 열리던 시기 힙합 그룹 DJ DOC는 시국을 비판하는 〈수취인분명〉이라는 노래를 발표했다. 이 노래는 2016년 11월 26일 광화문 범국민대회 무대에 올려지기로 했으나 가사에 관한 비판이 거세지면서 취소되었다. 가사는 박근혜를 '미스 박'으로 지칭했다. 시각예술이 여성의 몸을 활용한다면, 청각예술은 여성을 부르는 방식으로 '박근혜'라는 하나의 정치권력을 여성성으로 전환해 비판한다.

역시 같은 문제에 봉착한다. 표현에 관한 비판조차 표현을 가로막는 검열과 동일시하는 인식이 깊다. 실제로 소설가가 작품 때문에 감옥에 가는 일이 벌어진 사회에서 작품 비판과 제도적 검열은 잘 분리되지 않았다. 꽤 인지도 있는 영화 사이트 '익스트림 무비'에 2017년 8월 올라온 공지는 이러한 현상을 잘 보여준다. "익무는 장르 영화들을 애정하며 지지하는 곳이지, 혐오의 대상으로 검열하는 곳이 아닙니다. 최근 일어나고 있는 논란은 창작자로 하여금 작품을 만들 때, 자기검열부터 거치라고 강요하는 상황입니다. 절대 그런 일이 일어나서는 안 됩니다. 검열과 눈치로 태어난 문화가 제대로 만들어질 리 없습니다."[19] 운영자는 아예 '여혐', '남혐'이라는 단어를 금지어로 지정하겠다고 알렸다.

저항은 없고 분풀이의 대상만 찾는다. 남성이 여성을, 비장애인이 장애인을 눈치보지 않고 마음대로 조롱하는 행위는 기존의 차별적 질서를 더욱 공고하게 만드는 권력 행위이다. 2016년 내내 '병신년'은 박근혜를 조롱하는 언어로 떠돌았다. 병신/년을 끌어와 박근혜 대통령을 비판하는 태도는 무능하고 기만적인 박근혜라는 정치인을 욕하는 것이 아니라 '여자 박근혜'를 욕하고 싶은 마음을 고백할 뿐이다. 여성이나 장애인을 디딤돌로 딛고 서서 외치는 정의는 착취에 불과하다.

물론 이러한 경향이 한국의 문화를 대표했다거나, 이러한 흐름만 있었다고 왜곡할 필요는 없다. 하지만 약자와 소수자를 향한 비하와 희롱, 혐오를 동반한 문화 현상은 오늘날 뚜렷한 사회적 현상이 되었다. 2000년대 이후 한국 영화에서 '조선족'이라 불리는 재중동포가 재현되는 방식도 이런 흐름과 무관하지 않다. 〈황해〉(2010), 〈신세계〉(2012), 〈아수라〉(2016), 〈악녀〉(2017), 〈청년경찰〉(2017), 〈범죄도시〉(2017) 등의 영화에서 재중동포 남성은 무자비한 폭력배로 등장한다. 한국 영화가 여성을 주로 살인과 강간의 대상으로 놓는다면, 재중동포 남성에게는 '악의 타자화'를 시도중이다. 아동 성폭행범 김수철이 "제 안에 욕망의 괴물이 있었던 것 같습니다"*라고 말할 수 있

---

* 2010년 8세 여자 초등학생을 납치해 성폭행한 김수철이 현장검증에서 했던 말이다.

는 배경에는 이러한 '악의 타자화'를 적극적으로 구성하는 사회가 있다. 끔찍한 폭력을 '내 안의 또다른 나' 혹은 한국 바깥의 남자가 저지르는 악행으로 만든다.

여성, 장애인, 이주민, 아이 등을 통한 타자화에 문제의식을 못 느끼고 관성에 젖은 체제 비판의 언어가 활발하다. 말과 글을 업으로 삼는 사람들조차 자본주의를 비판하기 위해 '창녀'나 '자폐'를 언급한다. 잘못된 비유와 예시를 이해하지 못하기에 혐오는 놀이가 되고, 게임이 되고, 개그가 되고, 심지어 저항으로 둔갑해 문화사를 축적한다. 지하철 스크린에 얹힌 시민의 차별적 감수성과 부적절한 시어는 이러한 사회의 반영에 불과하다. 우리는 정권의 문화예술계 블랙리스트에 분노하지만, 일상은 이미 소수자와 약자의 블랙리스트가 견고하게 작성된 상태다.

미국 주간지 〈뉴요커The New Yorker〉의 2017년 2월 13일자 표지는 자유의 여신상이 들고 있는 성화에 불이 꺼진 채 연기가 피어오르는 모습이었다. 세상은 어둠에 잠겼다. '자유'의 소멸을 상징한다. 도널드 트럼프의 취임식 당일에는 많은 박물관과 갤러리들이 문을 닫고 '예술 파업'으로 트럼프의 갖가지 반反민주적 정책에 항의했다. 위대한 미국을 만들겠다는 트럼프에 대항한 '위대한 거부'의 실천이겠다.

트럼프의 당선 이후 꾸준히 그를 비판하는 시위가 이어지고 있다. 민주적 형식을 거쳐서 당선된 대통령을 거부하는 행위에 대해 냉소적인 반응을 보이는 이들도 있다. 이러한 냉소는 정치에 대한 혐오로 이어진다. 정치혐오는 지배자가 간절히 바라는 태도다. 트럼프에 반대하는 시위자들이 들고나온 팻말 중 "우리는 옳은 것과 쉬운 것 중에서 하나를 선택해야만 한다"가 눈에 들어왔다. 이는 『해리포터와 불의 잔』에 나오는 문장이다. 편함이 옳음을 압도하는 시대, 우리는 어떤 선택을 해야 할까.

문화계뿐 아니라 온 사회를 요동치게 만든 한국 문화계 블랙리스트. 당장 우리를 배고프게 만들지는 않지만 그 실상은 무시무시한 행동의 첫걸음이다. 사회구성원을 '부정'이라곤 아예 생각할 수 없는 평면적 인간으로 만든다. 저항은 진실을 말하고자 하는 의지를 드러낸다. 풍자는 지배 권력에 대한 도전이어야 한다. 그것이 유머의 정치화이며 풍자가 가진 긍정적인 공격성이다. 발터 베냐민의 표현대로 때로 "사고를 하도록 하는 데는 영혼의 진동보다는 횡격막의 진동이 더 좋은 기회를 제공하고 있는 것이다."[20] 웃음의 미덕은 권력의 선을 넘나드는 해방감에 있다. '자유'라는 개념을 게으르게 사유하면 웃음이 권력의 선을 넘나들기는커녕 오히려 지배 권력을 더욱 공고히 다져주는 역할을 한다.

마르쿠제가 『일차원적 인간』에서 정의한 '위대한 거부'를 생각해보자. 현실을 지배하는 형식과 권력을 향한 '위대한 거부'는 바로 예술을 통해 가능하다. 예술이 가진 '부정'의 힘을 통해 인간은 '자유'에 다가갈 수 있다. 자유란 '내가 편한' 상태가 아니다. 오히려 이 편한 상태를 의심해야 한다. '편함'을 넘어서지 못한다면 일차원적 사유에서 벗어날 도리가 있을까. 일차원적 사유란 '현실을 넘어서는 생각을 회피하는 것'이다.

예술의 저항은 치열한 사유와 용기 속에서 생산할 수 있다. SNS에서 팬덤을 형성하며 '멘토'로 불리는 유명인들은 팬의 '좋아요'를 수용하는 반면 비판의 언어에는 '차단'으로 응수한다. 팬클럽 정치와 팬클럽 예술이 생산한 저항의 모양새는 지배의 또다른 얼굴을 하고 있다. 금지하는 권력을 향해 저항하지 않고, 금지당하는 이들을 조롱하는 행위를 통해 지배권력의 쾌감을 느낀다. 풍자 대상의 성별을 적극 활용한 작품을 통해서 발견할 수 있는 것은 지배로부터의 자유가 아니라 또다른 방식의 지배에 대한 갈망이다. 이는 자유를 독점하는 태도다. 지금까지 '박근혜'라는 한 여성/인간이 대통령이 된 이후 그를 비판하기 위해 만들어진 창작의 언어를 보자. 힙합도 미술도 이 사회에 전혀 충격을 주지 않는 진부하고 반복적인 성차별적 조롱을 저항의 이름으로 생산했다. '미스'나 '년'이라는 언어를 사용하거나 맥락이 없는 출산이나 누드라는 소재를 활용한 작업들이 끊임없이 나왔다. 권력을 가진 '저잣거리 아녀자'를 향한 옹졸한 조롱일 뿐 권력을 향한 풍자는 아니었다. 박근혜를 끌어내린 촛불은 과연 무엇을 위해 불을 밝혔는가.

권력이 문화와 예술을 정권의 하수인으로 만들고 있다면 예능 방송과 광고 속에서 '혐오'는 오락의 기능으로 자리잡았다. 개그라는 형식으로 사회의 약자나 소수자를 향한 혐오가 아무 제약 없이 '웃음'을 유발하는 반면, 이러한 개그가 정작 풍자와 조롱을 통해 저항해야 할 권력을 향하지는 않는다. 재미있게 정치를 전달한다는 매체도 마찬가지다. 이명박, 박근혜의 보수 정치 속에서 동반성장한 저항이라는 이름의 '양아치스러움'이 만개했다. 이 양아치스러움이 자유롭게 여성과 약자, 소수자를 대상화하고 조롱한다.

# 2장
# 〈나꼼수〉와 무학의 통찰

정보를 얻는 형식의 변화는 단지 형식만이 아니라 내용의 변화까지 이끈다. 팟캐스트의 등장이 그 예다. 팟캐스트에는 대안언론의 역할, 지식을 쉽고 편하게 접하는 다양한 통로라는 역할 등 긍정적인 요소가 많다. 생산자 진입 장벽이 높지 않기에 기존의 라디오처럼 청취자와 생산자 사이의 구별도 흐릿해졌다. 라디오가 팟캐스트 시장으로 진입하는 추세로 볼 때, 이제 라디오와 팟캐스트는 경쟁 관계라기보다 상호 보완하는 관계에 가깝다. 2016년 〈PD저널〉에는 이러한 현상을 주목하며 "팟캐스트에 대해 보수적 관점을 견지하던 기존 라디오 사업자들도 입장을 바꾸기 시작했다. SBS라디오는 지난 2015년 가을 개편에서 "라디오를 넘어선 오디오 시장의 진출 모색"이라는 지향점을 제시했다. 여기서 주목할 점은 '오디오 시장'이라는 용어다. 라디오를 넘어 팟캐스트, 음원서비스까지 소리 매체 전반을 아우르겠다는 의지를 표현한 것이다"[21]라는 글이 게재됐다.

많은 기관과 유명인이 팟캐스트 시장에 참여해 대중과 '소통'을 시도한다. 반대로 팟캐스트를 통해 자신을 알리는 사람들도 있다. 매체의 변화는 출판에도 영향을 미친다. 〈지대넓얕〉이나 〈과학하고 앉아 있네〉 사례처럼 팟캐스트 내용을 발판으로 제작자들이 출판 시장으로까지 진출한다는 점에서 팟캐스트는 대중이 정보를 접하는 주요한 미디어임이 분명하다. 갈수록 팟캐스트를 일시적인 유행으로 치부하는 목소리도 줄어들었다. 미디어는 언제나 변화하고 새로 태어난다. 뉴미디어의 등장 자체를 경계하고 두려워하거나 혹은 과도하게 미화할 필요는 없다.

국내에 팟캐스트 시장이 형성되던 초창기에 큰 성공을 거둔 팟캐스트 〈나는 꼼수다〉(이하 〈나꼼수〉)도 대중의 정치적 관심을 높였다는 면에서 긍정적인 면이 있다. 호불호를 떠나 그 영향력 자체를 부정할 수는 없다. 직접적으로 정치에 참여할 기회가 없고 도무지 목소리를 듣지 않는 위정자들 앞에서 무기력함을 느끼는 시민에게 〈나꼼수〉는 어느 정도 재미와 희망을 주었다. 재미와 함께 얻은 정보로 정치에 대한 관심도 높아진다. 물리적으로 보이지 않지만 청취자라는 어떠한 집단이 뚜렷하게 형성되어 나름의 공감대와 연대의식도 가졌다.

〈나꼼수〉는 2011년 민주언론상을 수상하면서 언론으로서 역할도 인정받았다. 그렇지 않아도 이명박 정권에서 언론이 제 목소리를 내지 못하는 상황에서 〈나꼼수〉는 위험한 목소리를 최전선에서 내는 정의로운 대안언론으로 각광받을 수 있었다. 팟캐스트가 아직 낯설던 시절 〈나꼼수〉는 입소문을 타고 빠르게 청취자를 늘려갔다. 2012년 2월 여론조사 전문기관 리얼미터 조사에 따르면, "'방송을 들어본 적은 없지만, 〈나꼼수〉를 알고 있다'는 응답자가 56.4퍼센트로, 전년 10월에 비해 12.4퍼센트포인트 증가했다. '방송을 들어본 적도 있고, 잘 알고 있다'는 청취 경험자는 30.0퍼센트로, 전년 10월 조사에 비해 두 배가량 증가한 것으로 나타났다. 여론조사 응답자 열 명 중 아홉 명 가까이가 〈나꼼수〉를 인지하고 있고, 그중 세 명가량은 청취 경험이 있는 것으로 나타났으니, 유권자 수로는 대략 1,100만 명이 〈나꼼수〉 청취 경험이 있었던 것으로 추정된다."[22]

이렇게 많은 인기와 높은 지명도를 확보한 〈나꼼수〉는 하나의 사회적 현상을 만들어 '나꼼수 현상'이라는 말까지 생겨났다. 특정 미디어가 정보를 생산하는 다양한 통로 중 하나에 그치는 걸 넘어 과열된 양상을 띠면 상황은 달라지기 시작한다. 당시에도 나꼼수 현상에 관한 옹호와 비판의 목소리가 모두 있었지만 시간이 조금 흐른 후 이를 다시금 되짚어볼 필요가 있다. 〈나꼼수〉가 정치를 소비하는 새로운 대중적 플랫폼을 제시했다는 긍정적 면이 있음에도, 나는 이 장에서 위험한 열정과 반지성적 면모, 그 반지성적 태도가 어떻게 마초적 남성성과 결합하여 성차별을 '자유롭게 민주화'하도록 이끌었는지 짚어보려 한다. 지성이 내부의 성찰과 자기반성, 나의 외부 세계에 대한 비판과 분석을 꾸준히 오가면서 성장하고 쌓이는 성질이라면, 통념적 남성성에 집착하면서 지성을 얻기란 애초에 불가능하다. 대신 강한 주장이 넘실거릴 뿐이다.

## 1. '쫄지 마' 정신

〈나꼼수〉는 2011년 4월부터 2012년 말까지 1년 8개월 동안 진행되었다. 〈딴지일보〉 총수인 김어준, 방송 PD 출신인 김용민, 국회의원 출신인 정봉주, 현직 기자인 주진우 네 명이 팀을 이루어 방송을 진행했다. 마지막 방송 날짜는 2012년 12월 18일이다. 그다음날인 12월 19일은 제18대 대선 투표일이었다. '국내 유일 가카 헌정 방송'이라는 목적에 걸맞게 이 방송은 대선과 함께 사라졌다. 여기서 '가카'는 이명박 당시 대통령 '각하'다.

　〈나꼼수〉 구성원 네 사람의 조화는 훌륭했다. 기자의 정보력과 정치인 출신이 가진 인맥과 현장 경험, 모든 구성원의 입담과 재기 등이 어우러져 어지간한 예능 방송보다 큰 재미를 선사했다. 여기서 '재미'는 사람을 끌어들이는 힘과 사실을 왜곡할 위험을 모두 포함한다. 예를 들어 〈나꼼수〉에서 김용민은 이명박과 BBK 주가 조작 사건의 연관성을 밝히기 위해 "눈 찢어진 아이를 조만간 공개하겠다. 유전자 감식이 필요 없다"는 발언을 했다. '눈 찢어진 아이'와 BBK가 도대체 어떤 연관이 있는지 모르겠지만, 〈나꼼수〉의 재미에 빠진 사람들은 그런 것에 연연하지 않았다. 폭로 자체가 던져주는 쾌감을 즐겼다. 〈나꼼수〉는 자극적이고 검증되지 않은 정보를 풀어놓았다. 던져진 미끼를 중심으로 추리가 확산되면서 사실과 음모론 사이의 경계는 점점 불투명해졌다. 음모론을 털어내고 사실만 골라내는 작업에 착수하다보면 재미는 진지함으로 퇴색할 수밖에 없기에 재미를 유지하기 위한 과장과 왜곡을 피하기는 어려웠다.

스튜디오 안의 팟캐스트로 시작했으나 인기가 커지자 〈나꼼수〉 구성원들은 광장으로 나와 '나꼼수 콘서트'를 열었다. 그들은 더는 '골방의 잡놈'이 아니었다. 콘서트는 〈나꼼수〉 청취자의 실체와 규모를 실감하는 자리였다. 첫번째 콘서트는 2011년 10월 29일 서울 한남동에서 1,400여 명의 관객이 모인 가운데 열렸다. '가카를 위한 경례'로 공연은 시작한다. 당시 기사를 참고하면 "1,400여 명의 관객이 일제히 일어나 '나꼼수 청취자들의 교신 신호'인 오른쪽 새끼손가락을 들자, 무대 중앙에는 양팔로 '하트'를 그리며 환하게 웃고 있는 가카의 사진이 나타났다"[23]고 한다. 청취자들 간의 교신 신호가 있을 정도로 〈나꼼수〉 열성 청취자들 간의 유대가 형성되어 있었다. 극우 사이트 '일간베스트'(이하 '일베') 회원 간에도 '일베' 회원임을 인증하는 손 모양이 있다. 〈나꼼수〉와 '일베'는 서로 진영이 다르며 온전히 비교하긴 어렵지만 거칠고 자극적인 언어를 즐기며, 적이 명확히 존재하고, 청취자/사용자 간의 유대의식이 강하다는 공통점이 있다. 문화평론가 최태섭은 "'일베'는 나꼼수 현상의 거울 반전상"이라고 했다. 일부 평론가는 〈나꼼수〉

와 '일베'의 차이를 오프라인 결집 정도로 보았다. 〈나꼼수〉가 광장에서 콘서트를 할 정도로 서로의 존재를 드러내고 참여한 다는 우월감까지 가진 반면, '일베'는 온라인 바깥에서 회원들의 모임을 보여주진 않았기 때문이다. 그러나 2014년 즈음부터 '일베' 회원은 더는 온라인에서만 활동하지 않았다. 세월호 희생자들의 유족을 조롱하는 광화문 폭식 투쟁이나 2016년 강남역 살인 사건 추모 집회에 핑크 코끼리 인형 옷을 입고 나타난 '일베' 회원의 등장이 그 예다. 이는 '일베' 회원들이 우월감을 갖게 되었다기보다는 수치심에 둔해졌다고 보는 편이 맞겠다. '일베'의 극우적이고 여성혐오적인 태도와 사회의 윤리 감각 간 거리가 좁혀졌다는 뜻이다. '일베'가 점점 거리낌없이 온라인에서는 물론이고 오프라인에서도 세력화하는 바탕에는 혐오를 제도적으로 공급하고 지원하는 힘이 있다. 국정원과 '일베'의 관계에 관한 의혹은 전부터 꾸준히 제기되어왔다. 2013년 국정원이 '일베' 회원들을 대상으로 안보 특강을 개최한 사실이 알려진 적도 있다. 이 특강에 참여한 사람들은 대부분 20대 초반 남성들이었다. 정부가 조직적으로 특정 정당과 정치인에 대한 반감, 지역 차별과 여성 차별을 조장한 셈이다.

다시 〈나꼼수〉로 돌아가면, 첫번째 공연을 성공적으로 마치고 한 달 후 여의도에서 열린 콘서트에 주최측은 5만 명의 시민이 모였다고 했다. "2011년 11월 30일 19시 30분부터 서울 여의도광장 태극기 아래에서 팟캐스트 방송 〈나는 꼼수다〉(정봉주, 김어준, 주진우, 김용민 진행) 4인방의 한미 FTA 반대 특별 콘서트(연출 탁현민 성공회대 겸임교수)가 두 시간 반 동안 진행되었다. 주최측은 약 1만 명 정도가 광장을 찾을 것으로 예상하고 의자 6,000개를 준비했으나, 이를 훌쩍 넘은 약 5만 명(경찰 추산 1만 6,000명)의 관람객이 광장을 메우다 못해, 광장 주변의 숲 사이사이 빼곡히 자리를 잡고 공연이 끝날 때까지 광장을 떠나지 않았다."[24] 이렇게 인기몰이를 한 〈나꼼수〉 콘서트는 전국 일곱 개 도시를 돌며 전국 투어를 이어갔다.

2008년 이명박 정부 초기부터 미국산 쇠고기의 안전 문제로 시민은 촛불을 들었으나 응답은 듣지 못했다. 분노한 사람들에게 '가카 헌정 방송'인 〈나꼼수〉는 그 분노를 해소할 수 있는 반갑고 좋은 매체였다. 〈나꼼수〉에서 '가카' 이명박은 대한민국 모든 문제의 절대악이었다. 〈나꼼수〉는 반복적으로 '가카'를 위해 찬송가 〈내 주를 가까이하게 함은〉을 개사한 노래를 부르고, 자신을 '목사 아들 돼지'로 칭하는 김용민 PD가 '말씀'을 전달한다. 이 모든 태도는 한국의 부패한 개신교에 관한 풍자이며 개신교 신자인 이명박 조롱을 목적으로 하는 희극이다. 묘하게도 이 종교적 비틀기는 대중의 열광을 발판으로 결국 또하나의 종교적 성격을 만들어낸다.

희화화와 조롱은 〈나꼼수〉의 매력이면서 위험 요소다. 재미가 진실을 압도한다. 〈나꼼수〉는 수시로 외쳤다. "쫄지 마, 시바!" 여기서 '쫄지 마'라는 구호는 흥미롭다. 이미 '쫄아 있음'을 가정하기 때문이다. 대중을 향해 '쫄지 마'를 외치며 소영웅이 되어가던 이들은 급기야 대전 콘서트에서 놀라운 발언을 한다. 당시 사회자는 "가카 추모 공연을 진행하는 것이 바람입니다. 그것도 임기중에!"라고 외쳤다. 살아 있는 사람의 추모 공연을 임기 중에 기획하고 싶다는 야심 찬 '농담'도 거침없이 내뱉는다.

관객은 열광했다. 임기중에 절대악인 '가카'의 추모 공연을 한다는 것은 상상만으로도 짜릿한 쾌감을 선사하기 때문이다. 분노가 제자리를 찾지 못하고 조롱으로 이어질 때 얼마나 섬뜩해지는지 알 수 있다. 이쯤되면 거의 '가카' 허수아비라도 만들어놓고 '가카' 서거를 빌며 칼을 던지는 제의 수준이라고 할 수 있겠다. 소통이 막힌 시민으로서는 그렇게라도 분노를 해소하고 싶어진다. 문제는 이러한 마음을 이용해 〈나꼼수〉 콘서트장에서 무책임한 정보 흘리기가 지속되었다는 점이다. 그들은 한국계 미국인 변호사인 에리카 김이 "(이명박과 나는) 부적절한 관계였다"고 직접 이야기하는 통화 내용을 공개했다. 대중은 더욱 열광했다. 정치적 사건은 가십으로 소비되었다.

〈나꼼수〉는 또한 노무현의 FTA와 이명박의 FTA를 구별했다. 2007년 노무현 정권 당시 한미FTA를 반대하기 위해 분신한 허세욱 열사가 있다. 하지만 〈나꼼수〉는 사실보다 당파성이 중요했기에 노무현 정부 당시 FTA에 반대했던 수많은 목소리를 '없는' 취급한 채 이명박의 FTA만 문제로 삼았다. 선택적 기억, 이는 일종의 속임수다. 이명박 비판 효과를 최대화하기 위해 노무현 정부는 건드리지 말아야 한다는 게임의 법칙은 철저히 지켜졌다. '가카 헌정 방송'은 그렇게 '노가카 헌정 방송'으로 향했다. 다시 말해 〈나꼼수〉는 노무현의 명맥을 잇는 새로운 '가카 헌정 방송'이기도 하다. 정권 교체라는 목표를 이루기 위해 서로에게 '쫄지 마'라고 외치며 힘을 북돋고, 다른 의견

앞에서는 '닥치고'를 외치며 오직 하나의 길만 제시했다. 그들의 '닥치고'는 많은 문제들을 닥치게 하는 힘을 모아 오직 정권 교체만을 '우리의 소원'으로 만든다.


## 2. 누가 〈나꼼수〉를 비판하는가

〈나꼼수〉는 청취자가 듣고 싶은 말을 해주는 일종의 '정치 예능'을 지향했다. 〈나꼼수〉 4인방 중 한 명인 언론인 주진우는 당시 '언론계 아이돌'이라는 별명을 얻었다. 정치와 언론의 예능화는 과연 바람직한가. 이념 논쟁 따위는 찌질한 '먹물'들의 다툼이며 '구좌파'의 유물 취급을 받는다. 청취자의 감정에 강렬한 호소를 해야만 소통과 공감하는 태도인 양 여긴다. 이에 관한 비판은 꾸준히 제기되었다. 이때 적지 않은 이들이 〈나꼼수〉를 비판하는 자들을 '새누리당 알바'라고 칭하거나, 질투에 눈먼 엘리트 지식인으로 칭했다. 〈나꼼수〉를 비판하는 소위 지식인을 향한 분노가 잘 드러나는 글을 하나 보자.

"지식인이라는 부류가 있다. 이 가련한 백성들이 무간지옥을 헤매다가 인터넷에 재미난 라디오 프로가 있다기에 그거라도 들으며 좀 웃고 낄낄대겠다는데, 거기에다 대고 황빠 노빠 심빠 온갖 빠자 돌림의 딱지를 붙여가며 비난하는 지식인이 있다. '씨바, 이제 나꼼수도 진중권 눈치보면서 들어야 되냐?'

지식인들 늘 하는 소리, 그래봤자 '신자유주의 세계화' 여덟 글자, '이명박 나쁜 놈' 여섯 글자, '복지국가' 네 글자로 끝나는 가난하고 거창한 레토릭들. 그러면서도 근엄한 얼굴로 동아시아가 어떻고, 87년 체제가 어떻고, 매일 큼지막한 이야기 주워섬기는 지식인들이 있다. 사람은 계속 죽어나가고, 절규는 언어가 되지 못해 가슴을 후벼파는데, 이 삶이라는 게 어느 날에는 너무 공허해서 술에 취하고 그러면서 우울함에 젖어가는데, 세상은 이미 망해버린 것도 같은데, 지식인들은 그렇게들 살고, 언론도 권력도 그렇게들 한 시절을 구가하고, 세상은 또 그렇게 돌아간다."[25]

이 글에서 지식인은 거창한 말만 읊어대며 전혀 현실을 파악하지 못하는 존재로 그려진다. 반면 대중은 '백성'이라는 이름의 가련한 존재로 묘사된다. 대중을 조롱하는 지식인을 비판할 수 있지만, 지식인의 발언을 그저 '몇 글자'로 욱여넣으면서까지 왜곡할 필요는 없다. 〈나꼼수〉를 즐기는 대중을 가련하고 우울함에 젖은 불쌍한 사람으로 만들 필요도 없다. 오히려 이런 식의 대결 구도를 짜는 형태가 더 위험하다. 간단하고 단순한 대결 구도는 매사를 '이것이 아니면 저것, 저것이 아니면 이것'으로 만들어버린다.

급기야 〈나꼼수〉에 대한 비판 의식을 두고 '나꼼수 죽이기'라는 표현까지 등장하면서, 비판은 '죽이기'가 되었다. 〈나꼼수〉는 억압받는 피해자가 됐다. 모든 판단 근거가 진영에 달렸다. 팬덤 정치가 새로운 운동 방식이고, 기존의 운동은 낡은 '꿘'이다. 비판은 지식인의 지분 다툼으로 인해 벌어진 나꼼수를 향한 불만인 양 수렴된다. 하지만 '닥치고'가 몰고 오는 입을 다물게 하는 힘이야말로 비판을 죽이는 태도다.

노무현의 자살이 이 사회의 정치적 담론에 남긴 상흔이

크다. 진보 정치인을 지켜주지 못하면 또 잃을 수 있다는 공포가 진보 정치를 갈망하는 이들의 뇌리에 새겨졌다. 지키는 대상이 '사람'이 되면서 팬덤 정치는 곧 정의正義가 된다. '우리 편'을 향한 믿음은 종교화되고 정치적 지향은 일종의 신앙심과 다름없어졌다. 사실 여부가 아니라 '믿느냐, 믿지 않느냐'의 영역으로 들어간다. 믿지 않는 사람은 적이다. 이들은 패거리를 만들고 욕을 한다. 교양 없는 역할을 맡아 교양에 도전한다. '진보 지식인'이 또다른 '진보 지식인'을 비판하면 '명박 퇴진'에 방해가 되고 '우리 편'을 위협하는 내부의 적처럼 여겨지는 현상으로까지 치닫는다. 여성혐오와 성희롱은 이 당파성에 숨어서 정당화된다.

적폐와 우리 편의 시대, '꼼수'와 '빠'의 시대, 음모론과 팬덤의 만남으로 이루어진 열광의 시대는 주적chief enemy과의 싸움을 내세워 사회적 약자와 소수자에 대한 의제를 꾸준히 '나중에'로 미루고 있다. 시민의 힘으로 탄핵이라는 역사적 순간을 끌어내 새로운 정권을 만들어낸 시점에서 민주주의와 성정치의 문제는 더이상 '나중'이 될 수 없다. 팬덤 정치가 극심해지면서 '이명박근혜'에 대항할 수 있는 정치인을 지지하는 것만으로도 유권자들은 과잉된 정의감을 느낀다. 정치인 지지가 곧자신의 정의감을 가득 채워주기에 수많은 혐오(동성애, 여성, 장애인, 특정 지역, 이주노동자, 결혼이주여성, 운동권, '고상한' 지식인 등에 대한)는 모두 '정당한' 혐오로 여긴다. 차별금지법 입법을 나중으로 미뤄도, 여성 비하를 일삼았던 사무관의 경질을 요구하는 여성들을 정권에 방해되는 목소리로 치부해도, 더불어민주당 대표인 이해찬처럼 베트남 여성 비하 발언이나 장애인 비하 발언 등 '구설수'에 오를 만한 망언을 해도, 난민에 정부가 소극적으로 대처해도, 정권 수호를 위해 이에 대한 비판을 적극적으로 방어하는 '팬'들이 많다.


## 3. 무지의 권력과 성정치

### 1)

자유한국당의 전신인 새누리당은 한때 '성누리당'이라 불릴 정도로 꾸준히 각종 성범죄가 불거져나왔다. 대통령이었던 이명박의 "못생긴 마사지걸" 발언부터 최연희, 윤창중, 박희태 등을 거쳐 제19대 대선에 출마한 홍준표의 대학 시절 '돼지발정제 강간 모의 사건'*에 이르기까지 그들의 찬란한 추태는 끊인 적이 없다. 그런데 이렇게 대놓고 성차별적인 이들과는 다소 구별이 되는 듯 보이며, 나름 세련되고 사회의 정의를 추구하지만 가부장적 질서에는 큰 거부감이 없는 '교양 있는' 마초도 있다.

　김용민 PD는 〈인물과 사상〉 2011년 12월호 인터뷰에서 〈나꼼수〉를 통해 여성이 "정치에 눈을 뜨기 시작"해 "비로소" 행동하게 되었다고 발언한다. 이제 이 변화는 아무도 바꿀 수 없다고 했다. 〈나꼼수〉를 듣기 전에는 정치에 무관심하던 여성이 〈나꼼수〉를 즐겨 들으며 '정치에 눈을 떴다'는 발언을 무심히 지나치기란 어렵다. 자신이 대중을 정치적으로 각성케 했고

---

\* 홍준표가 2005년 출간한 자전적 에세이 『나 돌아가고 싶다』에서 대학 시절 동료들과 한 여성에게 돼지발정제를 먹인 사실을 무용담처럼 풀어놓은 적이 있다. 2017년 대선에서 이 사실이 알려져 논란이 일었다.

그중에서도 특히 여성을 계몽했다는 의식은 그 '계몽된' 대상을 알려고 하지 않을 때 가능하다. 무지 그 자체가 아니라, 무지를 권력으로 가동케 하는 태도를 문제삼아야 한다. 정치는 여성을 늘 배제해왔으며 어느 정도는 여성이 정치를 모르도록 사회적으로 권장되기도 했다. 정치는 남성의 영역이라는 관념을 심어둘 때 남성 중심의 정치 세계가 훨씬 안전해지기 때문이다. 2012년 대선에서 문재인 캠프는 '대한민국 남자'라는 홍보 문구를 만들었다가 거센 비판을 받고 폐기한 적이 있다. 이러한 홍보는 박근혜라는 '여성' 후보를 상대로 정치의 남성성을 강조한 전략이었다.

오늘날은 19세기 미국처럼 "여성이 정치 활동이라는 더러울 수밖에 없는 남성의 세계에 들어서면 그만 타락해서 여자다움을 잃는다"[26]라고 대놓고 무지한 발언을 하는 이들은 보기 어렵다. 다른 방식으로 여성을 정치에서 배제한다. 정치에 관심 있는 여성은 매번 남성에 의해 계몽되어 새로 태어난 사람처럼 호들갑스럽게 반길 존재가 된다. 비선 실세도 남자가 아니라 여자면 '그냥 아줌마'가 된다. 2016년 하반기 박근혜—최순실 게이트가 드러났을 때 가장 많이 언급된 단어 중 하나는 '아줌마'였다. 주진우는 자신의 페이스북 계정에 박근혜를 "돈, 연예인 좋아한 아줌마"라고 표현했고, 최순실을 두고 "그냥 아줌마, 무당 좋아하는"이라고 했다. 이는 아줌마를 정치에 무지하고 지성적이지 않은 인물로 보는 사회적 편견에 기대어 박근혜—최순실 게이트 사태를 '무식한 여성'들의 국정농단으로 치부하기 위해서다. 드라마와 무당을 좋아하는 아줌마라는 이미지는 비이성적이고 감정적인 여성상에 기대어 더욱 부가되었다. 무엇보다 아줌마는 모든 전문적인 분야에서 비전문적인 인간으로 취급할 수 있으며 매력 없는 여성으로 조롱할 수도 있는 호명이다. 무식의 대명사, '여성성'의 유통기한 만료, 막무가내, 뚱뚱함, 시끄러움, 부끄러움을 모름, 공부할 필요 없는 무지렁이. 그래서 매력적인 여성 연예인은 결혼 후에 꼭 '아줌마 맞아?'라는 제목이 달린 기사의 주인공이 된다.

그렇게 비선 실세 최순실의 국정 개입은 무지몽매한 여성의 정치 개입이 만들어낸 결과로 규정된다. 후에 주진우는 박근혜 탄핵 정국 당시 '박근혜 동영상'이 이제 나올 것이라고 일본 와세다 대학 강연에서 발언하기도 했다. 이러한 태도들이 모여 자연스럽게 '정치는 역시 남자가 해야 한다'는 관념을 더욱 공고히 했고, 급기야 정치인 박지원은 "100년 내 여성 대통령은 꿈도 꾸지 말라"는 발언까지 했다. 박근혜 탄핵은 궁극적으로 여성 정치인 탄핵이라는 목표를 향해갔다. 2016년 12월 9일, 국회에서 탄핵이 가결되던 날 저녁 텔레비전 뉴스에서는 박근혜 대통령이 최초의 여성 대통령이라는 사실을 어느 때보다 강조했다. 여성이 처음으로 어떤 자리에 오르고 나면 두번째로 그 자리에 여성이 등장하기까지 시간이 오래 걸린다고 한다. 잘되면 이제는 '여성문제'가 해결되었다는 착각 때문에, 안 되면 '이래서 여자는 안 된다'는 편견 탓이다. 일부에서 '국부'라 부르는 한국 최초의 대통령은 탄핵되기 전에 하야했지만 그는 '이승만'이지 '남성'을 대표하진 않는다. 모든 차별의 핵심은 개별성의 삭제.

정치적 호불호와 입장을 떠나 굵직한 여성 정치인들을 한 번 떠올려보자. 최초의 여성 법무부 장관이었던 강금실, 더불어민주당의 대표였으며 4선 의원인 추미애 국회의원, 표절로 판명났지만 베스트셀러 작가이기도 했던 전여옥, 4선 의원인 나경원, 대선 후보까지 올랐던 심상정, 초대 여성부 장관이며 최초의 여성 국무총리였던 한명숙 등. 이들에게서 찾을 수 있는 공통점은 무엇일까. 이들은 정치적 지향도 다르고 개인의 성향이나 정치 입문 과정과 역할도 제각각이다. 제19대 국회의원이었고, 그후 '정치하는엄마들' 공동대표로 기고 활동 등 의회 바깥에서도 정치를 이어가는 장하나 전前 의원도 마찬가지다. 모두 다르지만 한 여성이 정치적으로 추락하면 '여성 정치인'은 하나의 집단으로 묶이고 만다.

권력이 있으면 있는 대로, 없으면 없는 대로 '여성'이라는 이름은 불명예스럽게 불려나온다. 가장 안전한 이미지는 불쌍한 상태다. 지금까지 박근혜가 드러낸 '여성성'을 돌아보면 그는 '여성으로서' 가부장제 사회의 대중에게 다가가는 방법을 꽤 잘 아는 사람이다. 심지어 그의 올림머리조차 '단아한 여성상'이라는 이미지를 연출하기에 좋은 스타일이다. 그가 꾸준히 '어렵고 힘든 과거'와 '외로운 인생'을 언급하는 이유는 단지 미성숙해서라기보다 그가 지금까지 살아오면서 체득한 생존 전략으로 보인다. 비극적인 개인사를 빠짐없이 언급하며 짧은 문장을 구사하는 그의 화법은 심지어 비장미로 미화되기에 적절했다. 실제로 많은 사람들이 그를 불쌍하다고 여겼다. 그는 자신의 불쌍함을 강조해서 손해본 적이 없다. 이 서사는 그가 온

몸에 새겨넣은 강한 무기다. 곱게 차려입고 열심히 웃으며 가끔 불행한 인생 이야기를 꺼내드는 '여자'. 드물지만, 여성이 거대한 역사의 흐름에서 완벽한 피해자가 되는 모습을 보여주었을 때 그 피해자 되기를 통해 얻을 수 있는 제한된 권력이 있다. 박근혜—최순실 게이트를 비판하는 보수층 지지자들 중에서도 '그냥 아줌마 최순실'에게 박근혜가 순진하게 당했다고 여기는 시각이 있었다. 그렇게 박근혜도 피해자로 바라본다.

최순실을 '그냥 아줌마'라 부르는 태도는 여성 비하는 물론이고 정치적 문제를 '아줌마의 주책'으로 변질시킬 수 있다. 박근혜와 최순실은 대포폰까지 사용해가며 조직적으로 움직였다. 국민에 대한 '합법적 감청'을 위해 테러방지법까지 만든 대통령과 새누리당은 정작 대포폰을 활용하며 국민을 적극적으로 속였다. 1987년에 〈여성중앙〉에서 최순실을 인터뷰한 기사가 있다. 이미 30년 전부터 육영재단 문제에 대해 언론에 인터뷰를 할 정도로 최순실이라는 존재가 드러난 상황이었는데 새누리당 정치인들이 아무것도 몰랐을까. 국정농단 사건은 단지 박근혜와 최씨 일가의 관계로 축소될 수 없다. 이는 한국의 보수 집단이 박근혜와 최순실의 관계를 적극적으로 모른 척하며 자신들의 정치적 야심을 불린 결과다.

이들의 행동을 비판하고 처벌하기 위한 언어는 정확해야 한다. 문제의 핵심인 박근혜, 최씨 일가와 청와대 비서진들은 물론이고 다 알면서 모른 척한 새누리당과 보수 언론까지 국정농단의 주인공들이다. 그런데 이를 '동네 아줌마보다 못한' 최순실이라는 '저잣거리 아녀자'가 설쳐대는 모습으로 비틀어버리면 오히려 그들의 문제는 제대로 표현되지 못한다. 다만 우스꽝스러워질 뿐이다. 분노의 지점이 '한낱 아녀자'에게 있다면, 그건 다시 말해 '여자'가 설쳐대서 분하다고 고백하는 것이다. '강남 아줌마' 혹은 '명품샵 빨리빨리 아줌마'의 국정농단이 재수없다고 말하고 싶은 걸까. 아줌마를 무시하는 틈을 비집고 그 '아줌마 최순실'은 더욱 활개를 칠 수 있었다.

2010년에 방영한 드라마 〈대물〉의 첫 회에 정치인 강태산(차인표)은 대통령인 서혜림(고현정)을 비난하기 위해 이렇게 말한다. "아녀자의 하찮은 영웅심리로 나라와 국민을 전쟁 상황까지 몰고 갔다면 응당 책임을 져야지요." 대통령을 '아녀자'로 호명하는 드라마 속의 이 상황이 현실에서 벌어진 셈이다. 〈대물〉의 총괄 CP는 드라마의 기획 의도를 이렇게 밝혔다. "평범한 한 아줌마가 무엇 때문에 만 3년 만에 대통령에 당선됐을까, 왜 사람들은 그녀를 대통령으로 뽑았을까를 이야기하는 드라마"라고 한다. 궁극에는 "한 여인의 복수극"으로 정리했다. '아줌마'의 정치 참여는 복수극으로 표현된다.[27]

한때 "피보다 진한 물이 있다"*며 정윤회와 박근혜의 관계에 보내던 그 눈길은 성차별적 의식에 기반을 두고 있었다. 기껏해야 '남자와의 관계'나 '아줌마 최순실'이라는 색안경을 끼고 사태를 들여다보는 동안 벌어진 일은 기가 막힐 노릇이다. 그가 '해먹은' 돈, 인사 개입, 남북 관계와 일본과의 위안부 협상을 비롯한 각종 외교 사안에 개입했을 가능성, 평창 동계

---

* 2015년 1월 검찰의 '정윤회 국정 개입 보고서' 검찰 수사 결과 발표에 대해 당시 야당인 새정치민주연합은 "피보다 진한 물이 있다"고 비판했다.

올림픽을 둘러싼 이권 등 실로 어마어마한 국정농단이 벌어졌다. 그런데도 검찰에 출두한 최순실을 전하는 언론은 '아줌마'의 패션에 몰두했다. 그의 벗겨진 신발 한 짝이 '프라다' 신발이고 손에 든 가방이 얼마짜리 명품이라는 사실은 보도될 가치가 없는 가십이다. 여자는 나쁜 짓을 해도 몸에 걸친 명품이 사람들의 눈에 먼저 들어오나보다. 지금까지 검찰에 출두하는 남성 기업인이나 정치인들의 옷은 어느 브랜드이며 얼마인지 신속하게 정보를 배달하는 모습은 본 적이 없다.

2)

여성의 정치적 선택을 두고 드물게 대중이 여성의 주체적 선택에 열렬히 환호하는 순간이 있다. 여성을 성적 대상으로 삼을 때'만'이다(사법적 판단을 비롯해 상당수 남성이 성매매와 성폭력 사건을 접할 때 여성의 '자발적 의지'를 중요한 판단 기준으로 삼는다는 점을 생각해보자). 2012년 '비키니 사건', 혹은 '코피 사건'*으로 알려진 사건을 되짚어볼 필요가 있다. 이 사건 이후 여성 회원이 60만 명인 '삼국카페'**는 〈나꼼수〉 지지 철회 성명을 냈

---

* 정봉주 전 의원은 BBK 주가 조작 사건에 관한 허위사실 유포 등의 혐의로 1년 가까이 복역했다. 그가 2012년 1월 수감되자 〈나꼼수〉는 정봉주를 응원하기 위해 여성들의 비키니 사진을 부탁하는 '농담'을 했다. 한 여성이 "가슴이 터지도록" 응원한다는 메시지를 전달하며 비키니 사진을 공개했다. 이 사진을 본 〈나꼼수〉 구성원은 정봉주 접견 신청서에 "가슴 응원 사진 대박. 코피를 조심하라"라는 메모를 남겼고 이 메모를 사진으로 공개했다. 그렇게 '비키니 사건'은 '코피 사건'이 되었다.

** '소울드레서', '쌍화차코코아', '화장발'이라는 세 인터넷 카페를 한꺼번에 이르는 말이다. 패션과 미용에 관심이 있는 여성 회원들로 구성된 이 카페들은 2008년 미국산 쇠고기 반대 집회 및 4대강 사업 반대 집회에 참여하거나 모금 활동을 하는 등 다양한 정치 사회 문제에 참여했다.

다. 정봉주 지지자들 모임인 '미권스' 회원들은 "우리는 진보의 치어리더가 아니다"라며 비키니 사진을 둘러싼 〈나꼼수〉 구성원의 태도를 비판했다. 〈나꼼수〉는 응답하지 않았다. '정치에 눈을 떴다'던 여성의 의견을 듣지 않았다. 나아가 가르쳤다. '응답하지 않기'. 우리는 이러한 태도를 매번 발견하게 될 것이다.

이 비키니/코피 사건에서 '문제'는 무엇인가. 우선 수감된 남성을 응원하기 위한 '여성의 역할'로 떠올린 것이 비키니 사진이었다. 여성이 정치에서 몸으로 응원하도록 조장한다. 개인이 비키니 응원을 하든, 나체 응원을 하든 이는 누가 뭐라고 할 이유가 없는 문제다. 그러나 이를 농담의 소재로 활용할 때는 차원이 달라진다. 나아가 비키니 사진을 두고 '코피'를 조심하라고 했다. 사진을 성적 대상으로 명명백백 소비하는 태도다.

온라인을 중심으로 비판의 목소리가 강해지면서 언론에서도 본격적으로 이 문제를 다뤘다. 〈한겨레〉 역시 2012년 2월 사설로 〈나꼼수〉의 태도를 지적했다. 이 사건을 비판하는 입장이긴 하지만, 사건의 의미를 제대로 이해하고 있지는 않았다. "얼마 전 우크라이나의 페미니스트 단체 활동가들이 다보스 포럼 회의장 주변에서 빈곤층에 관심을 기울일 것을 촉구하며 상반신 나체 시위를 벌인 것과 별반 다르지 않다"[28]라고 했다. 다보스 포럼 회의장 주변에서 가슴을 노출하고 시위를 벌인 페미니스트 단체 페멘Femen의 활동은 여성이 몸을 통해 시위를 할 때마다 언급되는 사례다. 페멘이 가슴을 노출하고 시위하는 이유는 여성의 몸을 성적 대상으로 소비하는 사회에 정면으로 대응하기 위해서다. 그들의 노출은 코피를 조심하라며 낄낄거리는 메시지를 받는 대신, 경찰에 의해 진압당한다. 빈곤층이 페멘이라는 여성 단체에게 다보스 포럼 저지를 위해 가슴 노출 시위를 독려하지도 않았다. 페멘의 방식은 응원의 몸, 쾌락의 몸으로 이용되는 여성의 몸을 저항의 몸으로 만든 노출 시위다. '여자의 벗음' 외에는 〈나꼼수〉 코피 사건과 아무런 공통점이 없다. 박근혜를 누드로 만든 〈더러운 잠〉이 패러디의 원본과 누드 외에는 아무런 연결점이 없었던 점을 다시 떠올리자. 이처럼 맥락이 전혀 다른 '여자의 벗음'을 동일시하는 오류가 수시로 범해진다.

　　사건의 발생 맥락과 경위가 전혀 다름에도 이런 식으로 문제를 뒤얽는 시각이 신문 사설로 버젓이 나올 수 있는 이유는 무엇인가. 사건의 맥락을 이해하지 못하기 때문이다. 정작 한국에서 '잡년행진'이 진행됐을 때나, 2014년 한 여성이 세월호특별법 제정을 촉구하며 페멘 한국지부라는 이름으로 반라 시위를 벌였을 때는 온라인상에서 갖은 조롱을 당하거나 경찰의 제지가 이루어졌다. 여성이 자발적 대상화가 아니라 전복적 의미로 '벗기'를 시도할 때는 거부반응을 일으키지만, 남성을 응원하는 몸으로 나서면 여성의 주체성을 강조하는 기만적 태도를 취한다.

　　김어준 역시 여성을 성적 대상화하는 데서 자유롭지 않다. 김어준은 "생물학적 완성도에 감탄한 것도 사실이고, 신선한 시위의 방법에도 감탄했다"고, "여성들을 약자라는 의식으로 바라보고 비키니를 성적 담론에만 머물게 하는 건 1960년대 사고방식"이라는 말도 했다. '코피를 조심하라'는 말은 자위의 도구로 비키니 사진을 활용할 가능성을 시사한다. 그렇게 성적으로만 여성을 소비하다가 이를 지적하면 도리어 '성적으로만 머물지 말라'고 충고한다. 기만적인 태도이며, 묵살 행위인 셈이다. 말을 듣지 않음, 들을 의사가 없음, 상대의 말을 눌러서 없애버림. 이렇게 여성의 의견을 적극적으로 거부하면서 뚝심 있고 '남자답게' 밀어붙인다. 이렇게 물러서지 않으며 과오를 결코 인정하지 않는 태도는 오히려 지지자들에게 더욱 신뢰를 준다. 소위 '리버럴'들이 말하는 대로 '60년대식 사고방식'에서 벗어나 여성도 성적으로 자유롭게 해방되어야 한다는 주장은 사실 여성이 '자유롭게 대상화'가 되어야 한다는 말과 크게 다르지 않다. '약자에서 벗어나라'는 말은 사회의 권력 구도를 모른 척한 채 '쿨'하게 자유를 말하는 데서 한 걸음도 나아가지 못한다. 자유라고 착각하는 '권력에 의한 대상화'를 여성에게 권장한다.

비키니 사건에 대해 김어준은 끝내 사과하지 않았다. 그는 성희롱이 성립하지 않는다고 말했다. 사건이 발생하고 얼마 뒤 〈시사IN〉이 주최한 시사IN 토크쇼에서 "성희롱에는 권력의 불평등 관계가 전제돼야 한다"며 "우리가 (인증샷을 올린) 여성에게 수영복 사진을 올리라고 말할 권리가 없고, 그녀가 성적 수치심을 느끼는데 그 말을 못하게 (억압)할 권력도 없으니 성희롱이 성립하지 않는다"[29]라고 발언했다.

성희롱이 권력관계에서 발생한다는 사실을 '배운' 이들은 이 기준을 들이댄다. 여기서 우리가 생각해볼 문제가 있다. 성과 권력에 대해. 권력과 위계에 의해 성범죄가 발생한다는 인식은 때로 성범죄를 성범죄가 아니게 만든다. '2차 가해', '피해자 중심주의' 등의 언어가 그릇되게 사용되듯이 '권력관계'라는 말은 단순하고 좁은 범위의 권력으로 이용된다. 젠더 권력은 무시되고 오직 사회적 직위에 의한 권력으로 그 의미가 좁혀진다. 여성이 남성보다 사회적 지위가 높고 나이가 많아도 성희롱은 발생한다. 학생과 교사 사이는 물론이요, 상대의 사회적 위치를 모르는 상태에서 발생하는 공공장소에서의 성추행도 마찬가지다.

여성의 몸이 정치에서 응원의 도구가 되는 상황은 결코 가볍지 않다. 여성의 몸을 평가하는 국제적인 미인 대회부터 전쟁에서 전리품이 되어 벌어지는 강간까지, 여성은 권력도 몸으로 쟁취하고 희생도 몸으로 한다. 위로도 몸으로 하며 처벌도 몸으로 받는다. 이는 우리 사회가 여성의 몸을 대상화하고 희생양으로 삼는다는 증거다. 여성의 몸이 정치에서 활용되는 방식에 관한 문제의식이 없으면 〈나꼼수〉 코피 사건이 왜 그저 웃고 넘어갈 문제가 아닌지 이해할 수 없다. 이렇게 이해하고 싶지 않은 적극적 의지 아래 홍성담의 '출산' 그림이나 이구영의 〈더러운 잠〉 논란에서 보듯, 다른 방식으로 같은 문제는 계속 변주된다. '웃고 넘기는 폭력'에 너무도 익숙해지고 있다. 이 익숙해짐이야 말로 경계의 대상이다.

'예능을 다큐로 받아들이지 말라'고들 하지만 실제로 많은 여성에게 '다큐'로 벌어지는 일을 남성은 농담으로 소비한다. 이 말은 올바르게 돌려줘야 한다. 다큐를 예능으로 소비하지 마라. 김용민은 2000년대 초 자신이 PD로 활동하던 한 인터넷 방송에서 "(연쇄살인범인) 유영철을 풀어가지고 부시, 럼스펠트, 라이스를 아예 강간을 해가지고 죽이는 거예요"라고 발언한 적이 있다. 일종의 개그라고 했다. 당시 미국 국무부 장관 콘돌리자 라이스를 '강간해서 죽이자'는 끔찍한 발언이 성인방송이기에 할 수 있는 개그로 받아들여졌다. 여성을 향한 성폭력을 국가 테러에 대한 저항이라 여기고, 이런 발언을 유머라 여기는 '성인'에게 여성은 성적 대상이며 폭력의 대상에 불과하다. '성인'의 성별은 '남성'이기에, '성인'방송에서 여성은 농담의 소재다. 국가와 정부, 자본의 폭력과 억압에 저항한다는 명목으로 여성들은 꾸준히 으깨어지고 있다. 2016년 가을부터 2017년 봄까지 이뤄진 탄핵 집회 현장에서 수많은 여성이 성추행을 당했다고 호소했다. 대의 속에 숨어 있는 여성을 향한 성착취는 계속된다.

반지성과 비뚤어진 남성성은 어떻게 연결되는가. 자칭 '간지나는 진보'인 이들은 "경찰 출두할 때 얼마나 멋있게 나갈까만 생각한다. 일단은 저희들이 휠체어 네 대 모아서 나갈 생각"이라고 한다. 김용민은 "남자들 잔뜩 모아서 '김총수 힘내세요' 이런 거 하자"[30]라고도 했다. 강함, 단호함, 물러서지 않음, 실수를 인정하지 않음, '쫄지 마, 씨바'. 이러한 성격을 남성성으로 여기기 때문에 이들은 결코 자신의 잘못을 인정하지 않는다. 김어준은 〈나꼼수〉를 만든 이유가 '쫄지 말자'였음을 콘서트장에서 말한 적이 있다. 쫄지 않는 정신이 그들을 지탱하는 기둥이다. 실제로 쫄지 않는 태도는 그의 매력이다. 개인을 억압하는 한국 사회에서 이러한 태도는 긍정적 요소도 있다.

그러나 이 쫄지 않는 태도는 때로 엉뚱한 방향으로 간다. 김어준은 과거 황우석 논문 조작 사건을 옹호했던 문제를 두고 실수를 시인하지 않듯이, 코피 사건에 관해서도 결코 자신의 잘못을 인정할 수 없었다. 일관되게 자신의 실수를 인정하지 않는 태도는 제18대 대선 개표 조작 음모론을 펼친 영화 〈더 플랜〉(2017)에서도 마찬가지다. 마초에게 사실보다 중요한 문제는 내 주장의 '힘'이다. 사실이 아님이 밝혀지더라도 '쫄지 마, 씨바'를 외치며 고개를 뻣뻣하게 들어야 마초의 체면을 유지할 수 있다.

이들의 소영웅주의는 그들이 정권 교체의 최전선에 서 있다는 이미지를 만든다. 〈나꼼수〉의 기획자였던 탁현민이 '촛불 정권'의 의전비서관으로 청와대에 들어갔다. 그가 말과 글을 통해 보여준 여성 비하도 이러한 세계에서 안전하게 성장할 수 있었다. 어느 정도는 허세로 보일지언정, 그는 꾸준하고 일관적으로 여성 비하를 책으로 써왔다. 그럼에도 탁현민을 두고 더불어민주당 관계자는 "서슬 퍼런 이명박·박근혜 정부 시절 자신이 옳은 삶을 산다고 생각한 문대통령을 도왔던 진심을 믿어줘야 하는 것 아닌가 싶다"[31]라며 옹호했다. 안도현 시인은 "그가 사과했으니 더이상 때리지 말라"라고 했으며 개그우먼 김미화, 영화배우 문성근 등 문화계의 대표적 진보 인사들을 비롯해 정치인들이 탁현민을 옹호했다. 이 옹호 뒤에서 청와대는 침묵으로 여성들의 목소리를 묵살했다. 이들이 이명박 정권에서는 '소셜테이너'로 지목받아 방송 출연에서 피해를 보거나 국정원의 공작에 시달렸다는 점을 상기하자.

보수 정권에 의해 억압받았다는 문화계 인사들은 여성 비하에 참으로 관대했다. 여성을 비하한 정도로 발목이 잡히면 오히려 유약하고 남자답지 못해 큰일을 하지 못하는 무능력한 사람이 된다. 이명박 이후 이 사고방식은 더욱 굳건해졌다. (실제 능력 유무를 별개로 하고) 그래도 능력은 있다, 그래도 일은 잘한다, 왜 '도덕군자'를 찾느냐, 저쪽은 더하다, 털면 먼지 안 나는 사람이 있느냐는 등의 태도로 약자 폄하나 각종 차별 의식을 변호한다. 여성의 성적 자유가 단숨에 더러움과 연결된다면 남성의 성적 자유는 금기에 대한 도전이다. 『상상력에 권력을』이라는 탁현민의 책이 있다. 그의 상상력은 자신이 쓴 수많은 책에서 드러났듯이 여성 비하의 틀에서 벗어나지 못했다. 이러한 상상력이 권력을 가질 때 저항이라는 이름으로 벌어지는 차별은 자명한 결과다. 이 사회의 지성과 민주주의를 '룸살롱'에서 길어올리는 형국이다.

김어준이 진행하는 텔레비전 프로그램 〈블랙하우스〉는 〈프레시안〉을 통해 정봉주 성추행 사건*이 알려지자 노골적으로 정봉주를 옹호하는 방송을 했다. 이 정봉주 성추행 사건은 후에 정봉주의 거짓말이 일부 드러나면서 〈블랙하우스〉의 편

---

* 정봉주가 서울시장 출마를 선언한 후 2018년 3월 7일 〈프레시안〉에 "나는 정봉주 전 의원에게 성추행당했다"는 기사가 단독으로 실렸다. 이후 정봉주측과 해당 여성, 〈프레시안〉 간의 진실공방이 벌어졌다. 정봉주는 〈프레시안〉 등 언론사 기자 여섯 명을 고소하며 사건을 부인했고 김어준의 〈블랙하우스〉는 노골적으로 정봉주를 옹호했다. 후에 피해 여성이 언급한 날짜와 장소에서 정봉주가 신용카드를 결제한 증거가 나와 그의 거짓말이 드러났다. 정봉주는 언론사를 상대로 한 고소를 취하하고 서울시장 출마도 철회한다. BBK와 관련해 정봉주가 1년 동안 수감되면서 그는 정치적 자유와 표현의 자유를 억압받는 인물이 되었지만 역설적이게도 그의 정치 복귀는 자신의 성추행을 다룬 언론사를 명예훼손으로 고소하며 시작했다.

파 방송이 문제가 되었다. 결국 이 방송은 시청자에게 사과했고, 관련 PD는 〈블랙하우스〉에서 하차했다. 정봉주 성추행 사건을 둘러싼 이들의 행동은 〈나꼼수〉 구성원들이 여성 지지자를 어떤 방식으로 대했는지 상기시킨다.

〈나꼼수〉 구성원들은 자신들이 권력과 거리가 멀다고 하지만 실제로는 전혀 그렇지 않다. 〈나꼼수〉의 인기를 바탕으로 2012년 김용민은 국회의원 선거에 출마했다. 문재인의 출판 콘서트를 기획하는 등 꾸준히 문재인과 인연을 맺어온 탁현민은 여성부 장관이 사퇴를 요구해도 끈끈한 남성 연대 아래 보호받았다. '저항 문화의 전도사'라는 이름을 얻을 정도로 탁현민은 스스로 '저항'을 꾸준히 언급했다. 하지만 그의 저항은 실상 '이명박근혜'에 반대하는 정권 교체이며, 저항이라기보다 '룸살롱 문화'의 전도에 가깝다. 청와대는 탁현민을 보호하면서 이 사회의 여성혐오도 함께 보호했다. 저항성을 말하던 탁현민은 저항으로 신뢰를 얻어 청와대에 들어가 정권을 위한 공연을 만든다. 그는 '행사'를 잘 만들고, 그가 만드는 행사에 정권이 오히려 의지하는 모양새를 보여줬다. 아무리 비판이 이어져도 청와대는 2019년 1월 사표가 수리될 때까지 꾸준히 탁현민을 비호했고, 사표가 수리된 지 채 한 달이 지나지 않아 '대통령 행사 기획 자문위원'으로 다시 임명했다.

"2009년 서울 성공회대에서 열린 '노무현 추모 콘서트, 다시 바람이 분다'에서 문대통령을 처음 만난 탁선임행정관은 2011년 7월 『문재인의 운명』 출간 이후부터 문대통령을 지근거리에서 도와왔다. 2012년 대선을 두고 진행된 문대통령의

'북콘서트'나 문대통령의 총선 캠페인, 검찰개혁 토크쇼, 노무현재단 전국 투어 공연 등 수많은 자리를 함께하며 문대통령의 철학을 어떤 행사기획자보다 잘 이해하고 있다는 것이 여권 관계자들의 공통된 설명이다."[32]

민주주의와 성정치는 평행선을 달리고 정치는 갈수록 행사, 쇼 비즈니스가 되어간다. 근대 정치에서 이미지 정치를 전적으로 부정할 필요는 없다. 그러나 100대 국정과제 선정에 무슨 내용이 나왔는지보다, 이 발표를 탁현민이 잘 연출해서 대통령이 칭찬했다는 뉴스가 더 화제가 되는 현상은 고민거리를 안긴다. 청와대의 행사를 전하는 뉴스에는 다음과 같은 자막이 함께 달린다. '탁현민 행정관 기획'. 청와대 의전비서관이 제 할일을 한다는 게 뉴스가 된다. '감동이 있는 행사'로 정치에 대한 비판 의식은 흐릿해진다. 오늘날 청와대는 가장 많은 관객을 확보한 최고의 공연장이다. 이 공연장의 최고 스타는 바로 대통령 '우리 이니'다. 보수 정권이 블랙리스트와 같은 제도적 억압을 실행한다면, 문재인 정부는 연출에 과도하게 집중해 감동을 만드는 데 열을 올린다. '어용지식인'을 자처하거나 '오구오구 우쭈쭈'를 내걸며 대통령을 지키겠다는 일부 지식인은 자유와 상식을 두르고 정치의 팬덤화에 앞장선다.

나꼼수 '류'라고도 부를 수 있는 어떤 흐름이 이 사회에 끼친 해로운 영향이 크다. 박정희—박근혜로 상징되는 독재와 이명박이 상징하는 성공 지상주의에 대항한다는 명목으로 오직 정권 교체에만 '올인'하는 이상한 정의를 정당화한다. 이들은 정권 비판을 위한 도구로만 여성의 목소리를 활용한다. 이들의 관심은 권력의 이동이지 진보가 아니다.


## 4. '무학의 통찰' : 배운 것들에 대한 혐오

김어준은 〈나꼼수〉 이전부터 '씨바'라는 말을 인터뷰 도중에도 곧잘 사용했다. 그의 '스타일'이다. 그는 자신의 이미지를 지적으로 구축하는 대신 '잡놈'으로 만들어왔다. '김어준이 정말 무식한 사람인가'를 묻는다면 답은 '아니다'에 가깝다. 그의 '무학의 통찰'은 솔직함을 미덕으로 내세운다. 젠체하지 않고 고고하지 않음. 이 '고고하지 않음'은 오늘날 미국에서 도널드 트럼프 당선을 이끈 '솔직함의 정치'와도 같은 맥락이다. 대중의 속마음을 대신 말해주겠다는 태도로 생각을 외주화하도록 이끈다. 생각은 내가 한다, 나의 통찰을 믿어라, 닥치고, 따라와라. 한때는 통찰력 있는 글을 쓰기도 했던 방송인 허지웅의 비판은 김어준의 태도를 잘 요약하고 있다.

"김어준은 민중이라는 단어의 중독성에 몸을 의탁한 사람이 듣기 좋아할 만한 말만 골라 하는 방법으로 반지성주의에 기반해 지성인으로서 지분을 획득한다. 지식인 까면서 지식인이 되는 기적에 능한 것이다. 곽노현 눈을 본 적이 있느냐, 곽노현이 어떤 사람인지 아느냐, 곽노현은 결코 그럴 사람이 아니다, 만나본 사람은 안다 따위 말을 늘어놓는다."[33]

'곽노현 사건'*에 대해 의견이 분분한 와중에 김어준은 적

---

\* 2010년 곽노현은 서울시 교육감에 당선되었으나 상대 후보에게 단일화 조건으로 2억 원을 지급한 혐의로 유죄를 선고받고 2012년 교육감직을 상실했다.

극적으로 곽노현을 옹호하면서 여론을 이끌었다. '민주당'은 박해받는 약자이며 피해자다. '정권을 빼앗긴' 그 기간, 이기는 정치를 향한 욕망이 반지성주의를 활개치게 만들었다. 반지성주의자는 사유보다 감각에 의지한다. 그것이 솔직함으로 수렴된다. 사유가 고고한 먹물의 허세라면 감각은 때묻지 않은 잡놈의 순수함으로 여겨진다. 이 순수함이 곧 인간적이다. 자신이 느끼는 '기분'이 곧 진리다. 내 기분을 나쁘게 만드는 이들이 곧 적이다. 현상은 굉장히 단순해진다. 〈나꼼수〉는 대중, 여기서 말하는 대중은 '민주당의 승리를 열렬히 바라는 이들'이며 이 대중이 원하는 말을 한다. 〈나꼼수〉는 노무현의 죽음 이후 지지자들의 증오와 분노를 속시원하게 터뜨리는 역할을 했다. 정파적이지 않게 현상을 비판하는 소위 지식인이 잘난 체하면서 대중의 입맛을 버리는 사람으로 보인다면, 〈나꼼수〉는 대중의 가려움을 긁어주며 위로한다. 공감과 '힐링'의 시대가 아닌가. 〈나꼼수〉가 "이게 다 MB 탓이다"를 외치며 이명박을 비판하는 용기를 발휘한다면, 지식인은 시대에 맞서지 못하는 유약한 인물이 된다. 정치혐오에 기반해 정치인이 되는 정치인을 경계해야 하듯이, 지식인 혐오에 기반을 두고 지식을 유통하는 '지식인'도 경계해야 한다.

　　〈나꼼수〉를 심층 분석했다는 『고통의 시대, 광기를 만나다』라는 책에 이러한 시각이 정확하게 담겨 있다. "소위 논객들처럼 화려한 미사여구나 철학자들의 말을 인용하지 않더라도, 본능과 직관과 경험으로 세상 돌아가는 정세를 파악하고 있다는 말이다. 확실히 그의 예리한 더듬이와 촉은 학문적으로 단련된 어떤 논객보다 정확하고 현란하다." '본능과 직관', '예리한 더듬이와 촉' 등의 표현에서 알 수 있듯이 김어준과 〈나꼼수〉는 '학문'과는 다른 어떤 주술적 힘을 가진 영도자처럼 표현된다. 타고난 감각에 무게를 둘 때 배운 냄새란 일종의 오염에 해당된다. 배움은 곧 위선이고 솔직하지 못하다는 이미지를 얻는다. 김용민이 쓴 『은하계 최초 잡놈 김어준 평전』에서 김용민은 김어준을 두고 "정형화된 엘리트 교육과는 무관"하다고 하거나, "선제적으로 예견"한다고 한다. '예견'이라는 단어에서 알 수 있듯이 이 책이 바라보는 김어준은 동물적으로 정치를 바라보는 타고난 감각의 소유자나 다름없다. 이는 교육을 배척하며 신도들의 감정에 충실한 설교를 우선으로 삼던 미국 초기 목회자들의 모습과 흡사하다. 대중을 감동케 하고 열광시키는 탁월한 능력으로 사실, 성찰, 다양한 의구심을 제압한다. 김어준은 『닥치고 정치』에서 법학자 조국의 『진보집권플랜』을 "진보적 엘리트 특유의, 의도하지는 않았지만, 공기처럼 흐르는, 우아하고 거룩한 오만"이라고 표현하기도 했다. 이와 같이 엘리트의 오만은 짐승 같은 직관과 촉을 가진 사람과 대결 구도를 형성한다. 박근혜가 '기운'을 느끼듯이 이들도 자신들의 촉으로 느낀다. 그 촉으로 만든 '진보 집권 플랜 B'가 『닥치고 정치』다. 흔히 여성을 남성과 다른 비이성적 존재로 만들기 위해 여성의 판단을 촉이나 직관 등으로 표현하는 문화적 습관이 있다. 그러나 '나꼼수 류'가 이 촉이나 직관을 내세우면 이는 새로움이고 순수한 감각이 된다.

　　물론 〈나꼼수〉가 이 글에서 비판하는 음모론이나 여성 비하로만 점철되어 있지는 않다. 선관위 디도스 사건*처럼 중요한 의혹을 파헤치기도 했다. 그러나 이러한 사실과 진실을 길어올리는 과정에서 수많은 빈 깡통이 함께 올라왔다. 〈나꼼수〉의 낄낄거림은 적절치 못한 농담과 상스러운 표현을 양식했다. '닥치고'라는 말이 쉽게 나오거나 '씨바'가 아무데나 따라붙음에 따라 소셜미디어에서 자극적인 열광의 언어가 만개했다. 복잡하고 심각한 문제를 대중에게 단순하고 웃기게 말하는 지식인이 정작 대중에게 위험한 존재다. "불편하긴 한데 웃기잖아"라고 말하며 웃음으로 불편함을 씻어낸다. 홍준표를 바라보며 웃는 유권자의 태도도 같은 맥락이다. 제19대 대선에서 홍준표의 차별적 발언과 무례하고 게으른 태도 등이 '웃기는 시골 영감' 같은 재미와 솔직함으로 보이면서 오히려 인간적이라고 평가하는 유권자들도 있었다.

## 5. 걱정하는 예언가

뛰어난 촉으로 예견하는 김어준은 문재인 당선 이후 더욱 활발히 활동한다. 김어준은 2018년 2월 서지현 검사가 JTBC 〈뉴스룸〉에 출연해 처음으로 검찰 내 성폭력에 대해 고발하자 자신이 진행하는 방송에서 "한국에는 이러한 운동이 없었죠?"라고 했다. 그후 여성들의 고발이 이어지자 그는 이 현상을 '공작의 관점'으로 본다며 '예언'이라는 단어를 사용한다. 최순실이 무속인의 태도로 국정에 관여하는 행태를 비판하던 더불어민주

* 2011년 국회의원 재·보궐선거에서 중앙선관위 홈페이지가 사이버테러를 당한 사건이다.

당 지지자들 중 일부는 김어준의 예언가적 태도에는 환호한다. 직관과 촉이 뛰어나다는 그는 급기야 예언하는 사람이 되어 이렇게 말한다. 〈김어준의 다스뵈이다〉 12화에서의 발언이다.

"공작의 사고방식으로 이걸 보면 어떻게 보이냐. 우린 오랫동안 공작의 사고방식으로 보면 어떻게 보이냐에 훈련된 사람들이거덩. 어떻게 보이냐. '첫째, 어, 섹스. 좋은 소재. 주목도 높아. 아, 둘째, 진보적 가치죠. 오케이. 그러면 피해자들을 좀 준비시켜서 진보 매체를 통해서 등장시켜야 되겠다. 그리고 문재인 정부의 진보적 지지자를 분열시킬 기회다.' 이렇게 [그들의] 사고가 돌아가는 겁니다. 지금 나와 있는 뉴스에 그렇단 얘기가 아니에요. 예언합니다. 예언. 누군가들이 나타날 것이고, 그 타깃은 어디냐. 결국은 문재인 정부, 청와대, 진보적인 지지층……. 저는 이제 흐름을 보거든요, 항상. 댓글 공작의 흐름을 보면 다음엔 뭘 할지가 보여요. 걔들이 밑밥을 깔기 시작하기 때문에. 흐름이 그리로 가고 있다. 준비하고 있다. 우리하고 사고방식이 달라요! 완전히 공작의 세계에서는 사안을 완전히 다르게 봅니다. 여기서 자기들이 (피해자들을) 뽑아서 어떻게 치명타를 가할 수 있나의 관점으로만 봐요. 거기 윤리나 도덕이나 다 없어! 그 관점으로 보면, 올림픽 끝나면 틀림없이 그 방향으로 가는 사람, 혹은 기사들이 몰려나올 타이밍이다. 예언 한번 해드립니다."

그는 '예언'이라고 말하고 있지만 실은 조심시키는 전략이다. '너희들 계속 이런 식으로 나가면 이렇게 안 좋은 일이 일어날 수도 있다'는 이야기다. 악용에 대한 우려다. 얼핏 합리적 의견처럼 보인다. '꽃뱀'과 무고를 걱정하듯이, 공작 정치를 걱정한다는 명목으로 성폭력 폭로가 다른 방향으로 갈 걱정을 한다. 때로 이 '걱정하는 사람들'을 경계할 필요가 있다. 이들은 걱정이라는 이름으로 불운을 기원하기 때문이다. '걱정하는 사람들'의 예언은 실은 그들의 바람이다. "그것 봐, 내가 뭐라 그랬어, 이럴 줄 알았다니까." 이 말을 할 수 있는 날을 기다리며 '걱정'한다.

우리 편이냐, 아니냐로 사안을 판단하려니 이렇게 무리수를 둘 수밖에 없다. 이러한 '걱정'은 폭로의 대상이 더불어민주당과 관련될 경우 지지자들이 '이것은 공작'이라는 의구심을 갖도록 만든다. 김어준을 비롯, 그 주변과 지지자들은 서지현 검사에 의해 안태근이라는 이름이 나올 때까지만 성폭력 폭로를 지지했다. 화살이 딱히 정치적 진영에 머물지 않자 '걱정'을 명목으로 '저쪽에서 공작을 꾸미면 어떡하냐'는 둥 위험한 발언을 흘리더니, 점점 '우리 편'의 실체가 드러나자 본격적으로 피해자에 대한 2차 가해와 가해자 옹호에 앞장섰다.

이 사안에 대한 김어준의 발언과 태도에는 꾸준히 많은 문제가 있었지만 그중 아주 거슬리는 문장 하나만 꼽자면, "피해자들을 준비시켜 진보 매체를 통해 등장시켜야 되겠다"라며 공작이 있을지도 모른다고 걱정하는 부분이다. 상대 정치 진영에서 현재 정권을 공격하기 위해 피해자들을 준비시켜 진보 매체에 내보낼 가능성을 우려한다는 뜻으로 한 말이다. 이러한 우려는 피해자들을 의식이 있는 인격적 존재가 아니라 '준비시켜', '등장시켜야' 하는 수동태의 인물로 본다는 뜻이다. '비키니 응원'에 대해 비판받을 때만 여성의 주체성을 강조한다. 즉 여성이 '주체적 성적 대상'이 될 수는 있어도 스스로 문제 제기하는 사람이 될 수 있다고는 생각을 안 한다.


## 6. 어용지식인과 비판적 지성

2000년대 초부터 인터넷을 통해 대중과 소통의 방식이 쉬워지자 '인터넷 배틀'로 대중과 맞짱 떠서 이기려는 지식인이 등장했다. 논쟁은 하나의 쇼가 되었다. 2007년 영화 〈디워〉를 둘러싸고 진중권이 대중과 벌인 논쟁이 대표적이다.[*] 비평이 아니라 이기고 지는 게임만 남는다. 한편 대중은 엘리트의 오만에 저항한다기보다 '키배(키보드 배틀)'를 통해 나도 이길 수 있다는 카타르시스를 느낀다. SNS에서의 조롱을 비판하지만 이러한 조롱은 새롭게 만들어지진 않았다. 과거 〈디워〉 논쟁에서 진중권이 보여준 태도처럼 대중을 이기려는 지식인이 있다면 대중이 듣기 좋아하는 말을 해주는 지식인도 있다.

　　노무현을 잃어버린 상처 때문에 '한때의' 지식인들은 과감히 스스로 '어용지식인' 선언을 하거나 어용지식인이 되어버렸다. 현 노무현재단 이사장인 유시민의 행보를 살펴볼 필요가 있다. 이명박 정권에서의 〈나꼼수〉는 박근혜 정권에서 〈김어준의 파파이스〉라는 인터넷 TV 형태로 다시 반복된다. 2017년

---

[*] 2007년 심형래의 영화 〈디워〉가 개봉했다. 평론가이며 미학자인 진중권은 당시 〈디워〉가 애국주의 마케팅을 활용한다며 비판했다. 또한 서사가 형편없다고 영화를 혹평했다. 이에 〈디워〉를 옹호하는 누리꾼들이 진중권을 맹비난했으며, 〈디워〉를 비판하는 평론가, 블로거를 향해 온라인 공격을 했다.

5월 5일, 대선 나흘 전에 유시민은 한겨레TV 〈김어준의 파파이스〉에 출연해 '진보 어용지식인'이 되겠다고 했다. 정치에서 은퇴한 2013년 이후 그는 자신의 역할을 '지식소매상'으로 규정했다. 이제는 어용지식인이다. 지식 유통은 중요한 일이고 스스로 지식소매상으로 규정하는 태도는 문제가 없다. 그러나 어용지식인은 다르다.

"진보 쪽은, 진보 지식인들은 언제나 권력과 거리를 두고 고고하고 깨끗하게 지내야 되잖아요. 아무리 내가 진보적인 정권이라 하더라도, 내가 진보 지식인이더라도, 지식인은 권력에 굴종하면 안 되지. 이래 갖고 또 사정없이 깔 거라고. (중략) 제가 진보 어용지식인이 되려고요. 진보 어용지식인이요(박수와 환호). 지식인이거나 언론인이면 권력과는 거리를 둬야 하고 권력에 비판적이어야 되고, 그것은 옳다고 생각해요. 그렇지만 아까 말씀드린 것처럼 대통령만 바뀌는 거예요. 다 그대로 있고. (중략) 그래서 제가 범진보에 관해서 어용지식인이 되려고요. (중략) 정말 사실에 근거해서 제대로 비판하고 또 제대로 옹호하고, 이렇게 하는 사람이 그래도 한 명이 있어야 되지 않겠느냐 (박수와 환호)."

유시민의 어용지식인 선언 이후, '어용시민'이 되겠다는 사람들이 등장했다. 소셜미디어에는 자신의 이름을 '어용시민'으로 바꾸고 더불어민주당을 적극 지지하는 사용자들이 생겨났다. 더불어민주당 지지자들이 많이 모인 온라인 커뮤니티 '오늘의유머'에서는 '어용시민' 혹은 '어문시민'이 되겠다는 고백이 이어졌다. 사전적 정의에 따르면 '어용'이란 "자신의 이익을 위하여 권력자나 권력 기관에 영합하여 줏대 없이 행동하는 것을 낮잡아 이르는 말"이다. 진보 진영의 고고함에 거부감을 보이며 자신이 어용지식인임을 선언하기. 웃고 넘기기 어려운 말장난이다. 유시민은 이 발언이 회자되자 자신의 의도는 '실사구시'라고 설명했다. 과거 "진짜 정치인, 지식인이란 무엇인가"라는 강연에서도 유시민은 이와 같은 말을 한 적이 있다.

"지금 이명박 대통령을 비판하는 거의 모든 지식인은 노무현 대통령도 다 비판했던 분들이고요. 노무현 대통령을 죽자고 비판했던 분들 중에 상당수는 이명박 대통령을 전혀 비판하지 않고 있죠. (중략) 지식인 역시도 자기의 작업이 좀더 객관성을 얻고 보다 많은 공감을 얻도록 하기 위해서는 가끔씩은 대통령의 입장, 장관의 입장, 국회의원의 입장, 정치인의 입장에서 한 번쯤 생각해볼 필요가 있다. (중략) 제가 입법부나 행정부에서 일한 경험이 조금 있기 때문에 글을 쓰다보면 과거에 글쓰기 할 때보다는 조금 더 입체적으로, 또는 실제적으로, 실사구시적으로 그 주제에 관해서 한 번씩 들여다보면서 글을 쓰게 된다는 것을 느끼게 됩니다."

정말 맞는 말일까? 현실 정치와 정부를 향한 지식인과 문화계 주류의 비판은 오히려 김대중—노무현 정부를 거치며 줄어들었다가 이명박과 함께 다시 찾아왔다. 예를 들어 진보 지식인의 비평이 주로 실리는 〈창작과 비평〉의 경우 그 흐름이 뚜렷하다. "2006년을 기점으로 창비 지면에서 현실 정치에 관한 비판적 글쓰기가 현저하게 증가하고 있다는 사실이다. 상대적으로 1998년 국민의 정부 등장 이후 2005년에 이르는 동안 창비 지면에서 현실 정치와 연관된 첨예한 의제는 적극적으로 부각되지 않았다. 그 시기에는 주로 통일 문제, 동아시아론, 탈냉전, 반전평화운동 등 좀더 원론적이며 광범위한 시야가 요청되는 담론들이 창비 지면을 장식한다. 생각건대 이러한 측면은 그때까지 현실 정치와 창비의 입장 사이에 근본적인 괴리가 없었다는 사실을 의미한다.”[34] 이처럼 지식인이 이명박보다 노무현을 더 비판했다는 유시민의 주장은 사실이 아니다. 문화계 주류와 정치 사이의 괴리가 적었던 시기에는 오히려 현실 정치에 대한 비판 의식이 낮았다. 장정일의 칼럼을 참고하면, 문재인이 대통령이 된 이후 언론에 글을 쓰는 지식인들이 다시 정부에 대한 비판적 소재를 찾기 어려워한다는 사실을 알 수 있다.

“정권 교체 이후, 많은 칼럼니스트들이 칼럼의 소재가 없다고 난리다. ‘박근혜 정권 때는 소재가 많았다. 정권이 바뀐 다음부터는 쓸 게 없어서 힘들다.’(이정모) ‘예전에는 격주로 써도 쓸 거리가 넘쳤는데, 지금은 한 달에 한 번인데도 하루 전까지 안갯속이다. 박근혜 대통령 때가 칼럼니스트로는 봄날이었다.’(서민) 지난 정권에서는 그저 ‘박근혜는 악’이라고 몰아붙이기만 해도 그럴싸한 칼럼이 되었다. 하지만 현정권에서는 선악의 이분법적 시각만으로는 칼럼 소재를 찾기도 어렵고, 칼럼의 쓸모를 찾기도 힘들다.”[35]

이처럼 정권에 따라 지식인들의 비판적 태도가 분명히 차이가 있음에도 유시민은 더불어민주당과 대통령이 ‘피해자’가 될 것을 우려한다. ‘실사구시’라고 말하지만 유시민은 대중에게 정부를 비판하는 이의 목소리를 듣기보다 정부를 '이해'하는 시민이 될 것을 부탁한다. 이러한 태도의 연장선에서 어용지식인 선언이 나온 것이라 본다. 나는 그가 정말 '어용지식인'이라고 생각하진 않는다. 그가 어용이냐 아니냐는 나의 판단 바깥의 문제다. 여기서 중요한 것은 그의 '선언'이다. 그러한 선언이 의미 있다고 생각하는 사회의 분위기다.

2007년 이명박의 당선, 2009년 노무현의 자살이라는 비극, 2012년 박근혜의 당선(문재인의 패배)을 경험하며, 대통령을 '잃은' 경험은 많은 이에게 '대통령을 지킨다'는 마음을 강하게 갖게끔 했다. '어용'과 더불어 '적폐'라는 언어의 확산은 가상의 증오를 더욱 부추긴다. 박근혜 탄핵 이후 '되찾은' 정권을 반드시 사수하고야 말리라는 마음은 모든 '적폐' 척결로 나아간다. 여기서 '적폐'의 범위는 '지지자가 아닌' 대상으로 확장되었다. '적폐 언론'에게서 대통령과 정권을 지키지 못하면 또다시 지지하던 대상을 잃고 세상이 낙후될지 모른다는 공포가 형성되었다. 적폐 언론은 소위 진보 언론까지 포함한다. 진보적인 '나'와 나에게 동의하는 '우리'를 제외한 집단은 적폐로 몰아가는 이분법이 가동되기 때문이다. 일부 문재인 지지자들은 문재인 대통령 당선 이후 〈한겨레 21〉의 표지 사진을 두고도 '한겨레가 문재인만 미워한다'는 식으로 비난했다. 지지자들은 한편 언론의 소비자이기 때문에 비판적 독자라기보다 소비자 정체성으로 언론에 사과를 요구한다.

그들은 영부인의 호칭을 두고 '여사'와 '씨' 논란이 벌어졌을 때도 〈한겨레〉 절독을 운운했다. 이 사안은 결국 영부인에게 '여사' 호칭을 쓰는 것으로 정리되었다.*

　　2017년 7월 칼럼니스트 박권일이 〈한겨레〉에 김어준을 비판하는 글을 쓰자 나타났던 반응은 여전히 가상의 증오가 작동함을 보여준다. "〈한겨레〉에게 김어준이 무엇이었는데. 인연에 휘둘리지 않는 논리, 이성, 객관, 중립, 견제, 균형? 좆까라 말하고 싶네요. 그 잘난 잣대로 노무현도 죽이셨죠."(김용민 트위터 계정.) 노무현 시절을 그리워하며 그 시절로의 체제 복원, 그 이상을 생각할 수 없는 상태가 되었다. 지지가 비판적 지성을 억누른다.

　　유의미하게 남아야 할 내용은 '기존의 것'과 다른 무언가를 열망하는 대중의 욕망이 커다랗게 존재한다는 점이다. 2011년 이후 나타난 안철수 현상과 나꼼수 현상은 모두 새로움에 대한 갈망이었다. 그 욕망을 읽는 것과 그 욕망에 잘 영합한 〈나꼼수〉를 대안으로 내세우는 건 다른 문제. 지금과 다른 무언가를 원하지만 그것이 무엇인지 알 수 없는 상태에서 일단 가려운 곳을 긁어주는 이들에게 대중도 환호할 수밖에 없다. 안철수 현상이 두 번의 대선을 거치면서 사그라들었지만

---

* 노무현 전 대통령 임기 시절에 영부인인 권양숙의 호칭을 두고 권양숙씨와 권양숙 여사 사이에서 의견이 분분했던 적이 있다. 〈한겨레〉는 '권양숙씨'라고 표기했다가 영부인을 감히 '아무개씨'라 부른다며 독자들의 항의를 받아 이에 대한 해명을 하기도 했다. 2007년 10월 〈한겨레〉 기사다.
　"〈한겨레〉는 1988년 창간 이래 역대 대통령 부인들을 모두 'ㅇㅇㅇ 대통령 부인 ㅇㅇㅇ씨'라고 표기해왔습니다. 노태우 대통령 부인 김옥숙씨, 김영삼 대통령 부인 손명순씨, 김대중 대통령 부인 이희호씨…, 모두 이렇게 적어왔습니다. 처음엔 저희도 낯설었습니다. 대통령 부인에겐 '영부인' 또는 '여사'란 호칭을 쓰지 않으면 큰일나는 줄 아는 권위주의 정권 때는 더욱 그랬습니다."
　이 문제는 문재인 대통령 당선 이후 반복되었고, 2017년 8월 〈한겨레〉는 '씨'에서 '여사'로 변경한다고 전했다.

'나꼼수 류'는 옷을 갈아입으며 여전히 지지 세력을 확보하고 있다.

　물론 〈나꼼수〉의 재미있는 전달 방식이 정치에 대한 관심을 '이끌었다'고 평할 수도 있다. 그러나 정치를 소비하는 방식에서 진실보다는 재미의 비중이 커지면서 〈나꼼수〉는 음모론의 온상이 되었다. 정치혐오가 개인의 출세욕으로 점철된 정치인을 만들 듯이 반지성주의는 '어용지식인'을 활개치게 만든다. 이명박을 조롱하는 하나의 놀이가 된 〈나꼼수〉는 언론에 대한 불신을 더욱 조장하고 지적 성찰을 따분한 작업으로 여기도록 만들었다.


## 7. 진실을 편집하다

팟캐스트 형식의 〈나꼼수〉 이전에는 〈딴지일보〉가 인터넷 기반의 대안언론 역할을 했다. 인터넷 신문 〈딴지일보〉의 '재미'가 팟캐스트 형식으로 옮겨진 게 〈나꼼수〉다. 2012년 대선으로 〈나꼼수〉가 마무리되자 인터넷 방송인 〈김어준의 파파이스〉를 통해 김어준은 꾸준히 언론인으로 활동했다. 이처럼 점점 활동하는 미디어의 범위가 넓어지더니 김어준은 '무비 저널리즘'을 표방하는 영화 〈더 플랜〉(2017), 〈저수지 게임〉(2017) 〈그날, 바다〉(2018)를 만들었다.

　이 중 주진우 기자가 이명박의 '검은돈'을 추적하는 〈저수지 게임〉을 봤을 때 가장 먼저 들었던 생각은 '왜 영화여야 했을까'였다. 지면에 담기에 너무 방대한 내용을 압축적으로 보여준다거나, 특별히 의미 있는 생생한 목소리를 전달한다거나 하는 면은 찾기 어려웠다. 주간지 기자인 그는 지면으로 쓸 수도 있었는데 왜 굳이 영화를 만들었을까.

미디어 환경이 변하면서, 우리는 이미지를 기반으로 한 자극을 통해 '진실'에 접근하는 방식에 익숙해졌다. 정리된 언어보다는 영상이 불러일으키는 효과가 더 크다. 사진과 마찬가지로 영상은 강렬한 이미지를 남긴다. 〈저수지 게임〉은 첫 장면부터 쌍욕을 하는 주진우의 모습으로 시작해서 주진우로 끝난다. 그는 영화 내내 욕을 수시로 뱉는다. 치밀한 언어를 고민하는 대신 자극을 선택한다.

현실을 카메라가 '직접' 만나면 '진실'을 보여준다는 믿음은 카메라에 포착된 현상의 단면을 과잉 신뢰하게 만든다. 여기에 애니메이션을 덧붙여 상상의 영역을 시각화해 보여주면 더 강렬한 진실의 이미지를 만들 수 있다. 이상호 기자가 만든 〈김광석〉(2017)이나 '프로젝트 부'라는 이름으로 김어준이 제작한 〈더 플랜〉, 〈저수지 게임〉, 〈그날, 바다〉 등과 같이 언론인이 만든 다큐멘터리는 신뢰를 주기 더 쉽다. 이명박·박근혜 정부하에서 언론에 대한 불신이 쌓이며 유명한 언론인이 만든 다큐영화가 대안언론의 역할을 했다. 대중들의 정치에 대한 관심을 이끌었다, 내지는 주류 언론이 내놓기 힘든 과감한 주장을 펼쳐 '진실'을 인양하는 데 도움이 되었다는 긍정적 평가가 있다. 그러나 유명인에 기댄 이러한 대안은 이제 하나의 사회적 문제로 볼 필요가 있다. 가짜 뉴스와 마찬가지로 저널리즘을 표방하는 일부 영화는 많은 사실을 왜곡해 대중을 선동하는 역할을 한다.

세월호 사건 관련 영화는 지금까지 여러 편 만들어졌다. 이상호의 〈다이빙벨〉(2014)을 비롯, 〈업사이드 다운〉(2015), 〈나쁜 나라〉(2015), 〈공동의 기억: 트라우마〉(2018), 〈초현실〉(2018), 〈오! 사랑〉(2018), 〈눈꺼풀〉(2018) 등이다. 그중 〈다이빙벨〉과 〈그날, 바다〉는 이상호와 김어준의 이름 덕분에 더 잘 알려졌으며 〈그날, 바다〉는 다큐영화 기준으로는 흥행을 이어갔다. 이 영화는 전문가의 과학적인 분석을 내세워 세월호의 고의적 침몰 가능성을 좇는다. 이 영화에는 "소름 끼친다"는 말이 수차례 나온다. 직관과 촉을 강조해온 사람답게 김어준은 진실을 찾는 데 "(참사의 희생자인) 아이들이 도와줬다"는 발언까지 하며 감정적 동요를 일으킨다. 그는 이러한 영화 제작이 자신의 애도 방식이라고 한다.

한 사회의 비극을 영화로 재현할 때 이는 반드시 만드는 사람의 의도가 개입하기 마련이다. 이 영화의 영어 제목은 의미심장하다. 인텐션Intention, '고의'나 '의도'라는 뜻이다. 그야말로 이 영화의 '의도'가 궁금해지는 지점이다. 이 영화는 세월호 사건이 처음부터 기획된 사고임을 암시한다. 비극적인 사건을 자신들이 공격하고 싶은 정치 진영을 옭아매는 수단으로 활용하는 태도일 뿐, 사건 당사자(희생자와 유가족, 생존자 등)들에 대한 배려가 없다.

〈그날, 바다〉를 비롯해 무비 저널리즘으로 알려진 몇몇 영화의 공통점은 모두 영화를 만든 '나'에게 카메라를 들이댄다는 점이다. 어렵고 위험한 일을 희생적으로 끈질기게 하고 있는 '정의로운 나'를 보여준다. 이상호, 주진우, 김어준 등이 거대 악과 맞서는 구도다. 내가 이렇게 열심히 자료를 모았는데 수해가 나서 유실되었다, 관련인들이 협조를 안 해준다며 자아도취적인 정의감에 취해 있다. 〈김광석〉의 포스터에 이상호 기자가 있듯이, 〈저수지 게임〉의 포스터에는 주진우와 김어준이 있다.

언론인이라는 직함으로 만들어내는 이러한 다큐멘터리에서는 사건이 아니라 그 언론인이 결국 주인공이 된다. 뭔가가 있을 것 같지만 이들 영화를 열어보면 부유하는 음모론에 휩싸여 있거나 현실의 장벽에서 좌절한 언론인 자신의 모습이 강조된다. 정확한 사실이 없더라도 오히려 실패한 취재기를 보여주며 언론인 자신에게 시선이 향하도록 만든다. 사건의 진실이 아니라 영화를 만드는 사람이 진실의 이미지를 얻는다. 이처럼 사안의 진실이 아니라 진실을 수색한다며 대중을 오도하고 나서는 사람이 진실의 이미지를 얻으면서, 많은 지지자들은 그 사람을 '지켜야 한다'고 외친다. 이들을 비판하면 반드시 이렇게 반응한다. '목숨 걸고 하는 일인데', '그럼 너는 뭐했냐', '질투하냐?', '서슬 퍼런 시절, 목숨 걸고 싸웠다', '저쪽에는 찍소리도 못하면서'라는 반응이 매번 반복된다.

우려스럽게 바라보던 무비 저널리즘 현상이 곪아터진 영화가 〈김광석〉이다. 고故 김광석의 아내 서해순을 마녀사냥하며 영화로 '진실 게임'을 하겠다는 무책임한 언론인들의 '진실 장사'는 가볍게 넘길 문제가 아니다. 제18대 대선 부정 개표에 대한 음모론을 담은 〈더 플랜〉의 문제도 이러한 '진실 장사'의 연장선에 있다. 급기야 이런 방식으로 세월호 사건까지 다룬다.

이들은 '내 말의 영향력'을 즐기느라 그 영향력이 어디로 향하는지는 뒷전이다. 지지자들의 '좋아요'에 갇혀 세상을 보면 '좋아요'의 뜨거운 열정만큼 자신이 옳고 정의롭다고 착각하기 마련이다. 사람들은 영화에 설득된 것이 아니다. 이 영화들은 각자의 마음속에 떠돌아다니던 '비공식적 믿음'을 공식화할 수 있도록 구실을 제공한다. 그렇지 않아도 가짜 뉴스가 판을 치고 온갖 말들이 둥둥 떠다니는 이 세계에서 이렇게 모호한 저널리즘의 행태는 당분간 쉽게 가라앉지 않을 전망이다. 가짜 뉴스 사이에서 진짜 뉴스를 길어올려야 하는 상황이다.

영화는 저항의 도구가 되는 동시에 선동의 도구도 될 수 있다. 이윤을 내는 상품이며 동시에 이데올로기의 메신저 역할도 한다. 이 '무비 저널리즘'의 외피를 두른 몇몇 영화들은 진실을 수색한다는 명목으로 진실을 선동한다. 나아가 진실을 독점하려 든다. 팔기 위해 진실이 편집되고 있다. 정답을 알고 있다고 은밀하게 속삭이는 목소리야말로 경계의 대상이다. 흥행하는 진실 곁에는 흥행하지 못하는 진실도 있기 마련이다. 진실에 대한 편집권, 그것이 바로 권력이다. 진실은 경합해야 한다.

## 8. 비극의 정치화

객관은 '진실'인가. 객관의 가능성에 대한 순진한 믿음과, 그 객관이 곧 중립이며, 나아가 중립을 미덕으로 생각하는 관념은 늘 의아하다. 주관과 사실 왜곡은 다르다. 우리가 무언가를 선택할 때 이미 주관은 개입된다. 주제의식에는 생각하는 주체의 주관이 반영되기 마련이다. 인간은 다만 객관적이기 위해 노력할 수 있을 뿐인 주관적인 동물이다. 객관과 주관은 잘 구별되지 않으며, 각자의 주관이 가진 권력의 크기가 다르다.

오늘날은 무비 저널리즘이라는 이름으로 마치 객관적인 다큐멘터리처럼 모양새를 갖춘 영화들이 언론과 영화의 경계에서 독자(관객)에게 다가간다. 이러한 현상 이전에는 극영화를 어떻게 비극의 정치화에 활용했을까. 1987년에 일어난 대한항공 KAL기 폭파 사건과 이를 둘러싼 재현의 방식을 살펴보자. 방식의 차이는 있으나 사건의 이야기를 지배하고자 하는 욕망은 어느 시대에나 나타난다. 영화 〈김광석〉이 한 여성을 무작정 살인범으로 몰아가며 남성 예술가를 지키려 했다면, 실제 수백 명을 죽인 테러리스트로 알려진 여성은 어떻게 미디어에서 다뤘는지 살펴볼 필요가 있다.

1987년 11월 29일, 대한항공의 KAL 858편 보잉 707기 폭파 사건이 일어났다. 테러범인 하치야 신이치蜂谷 真一와 하치야 마유미蜂谷 真由美가 바레인에서 검거된 후 음독자살을 시도했다. 신이치는 숨지고 마유미는 살았다. 그해 12월 대선 하루 전날인 15일 극적으로 테러범 마유미가 서울에 인도되어 처음 방송에 등장했다. 체크무늬 재킷을 입고 고개를 숙인 그의 모습이 수많은 마이크를 앞에 두고 화면을 가득 채웠다. 사건이 알려진 후 울부짖던 수많은 유족의 모습이 강렬하게 남았으나 마유미의 등장 이후에는 마유미라는 한 여성의 이미지가 비행기 폭파 사건을 대체했다. 그후 '역시 남남북녀라서 예쁜가보다'

라는 식으로 그의 외모가 회자되었다. 그의 테러 행위는 어디론가 사라지고, 그의 외모가 호기심을 자극했으며, 그는 '테러리스트'가 아닌 '예쁜 북한 여자'로 소비되었다. 얼마 후 다시두꺼운 수의를 입고 나타난 그의 머리는 아주 곱게 단장된 모습이었다. 모든 진행이 신속했다. 1990년 3월 김현희는 사형이확정되었으나 노태우 정부는 18일 후에 그를 사면했다. 사형수는 사면되어 자유의 몸이 되었다. 내가 목격한 대한민국 역사의 가장 자비로운 순간이었다.

김현희에 대한 재판이 완전히 종료되기도 전에 영화 〈마유미〉는 제작 단계에 들어섰으며 김현희와 닮은 배우 김서라가 이 영화의 주인공으로 정해졌다. 배우와 테러리스트의 닮음이 또 화제가 된다. 영화 〈마유미〉는 1990년 6월 개봉했다. 사건이 일어난 지 3년도 채 되지 않은 시점이었다. 대부분 중동건설노동자였던 115명의 죽음은 3년도 지나지 않아 애도보다는 관람용으로 전환되었다. 김현희와 닮은 '미녀'가 등장하고당시 한국 영화에서 보기 힘든 엄청난 스펙터클을 보여준 영화, 북한에 납치되었다가 탈출한 신상옥 감독의 남한 복귀 영화라는 사실만으로도 기대를 모으기에 충분했다.

스펙터클. 대규모의 비극은 거대한 볼거리로 변형되었다.115명의 시신조차 수습하지 못한 원통한 비극은 믿기지 않을정도로 빨리 스크린 속으로 흡수되어 '재난영화'의 쾌락으로탈바꿈했다. 어느새 많은 사람들은 애도하는 조문객이 아니라자연스럽게 비극적 영화의 관객이 되었다. 타인의 고통을 포르노로 소비하도록 만드는 정치에 초대받은 셈이다. 비행기 폭파

장면이 얼마나 사실적인지, 폭파되는 순간 사람들의 몸이 얼마나 사실적으로 묘사되었는지, '사실'을 모르는 관객은 '사실적'인지 여부를 따지는 자리에 소환되어 비극을 즐긴다. 비극은 그렇게 비극적이 되었다. 게다가 김현희와 김현희 닮은 배우 사이에서, 김현희의 행동은 희미해지고 실체는 점차 외모로 남았다. 영화는 사람들의 상상 속에 머물던 '목욕 장면'을 넣는 친절함까지 발휘했다. 여성 수사관과 목욕을 하며 "언니, 미안해"라고 한국어로 말문을 열며 자백했다는 이야기는 당시 김현희를 수사하는 내내 회자되었다. 역시 진위 여부는 알 수 없다. 테러범의 얼굴과 여성의 나체가 등장하는 목욕이라는 이미지는 115명의 희생자를 목욕탕의 뿌연 수증기 속으로 밀어넣어 희미하게 만들었다.

　냉전 시대에 북한이라는 '적'과 마유미/김현희라는 '미녀'가 결합하면서 테러는 극화되기에 충분했다. 이 사건의 빠른 영화화는 내게 하나의 '사건'으로 남았다. 비극을 그토록 빨리 영화화하는 것은 과연 윤리적인가. 먼 훗날 언젠가는 영화화될 수 있는 사건이다. 하지만 진상 규명도 제대로 되기 전에 진행된 영화화. 그후 이 사건을 다룬 영화는 아직까지도 없다. '실제'라는 논픽션은 공교롭게도 논픽션 영화를 통해 픽션의 효과를 얻는다. 게다가 영화 제목은 어째서 〈마유미〉인가. 영화는 범인 마유미가 참회하고 자신의 죄 때문에 괴로워하는 모습을 보여준다. 가해자의 괴로움을 보여줌으로써 용서를 유발한다. 영화 속에서 괴로움의 주인공은 결국 마유미다. 이 영화의 제목이 〈마유미〉가 될 수밖에 없는 이유다. 이 영화는 테러 희생자들의 사연이 아니라 '북한 정권의 희생자' 마유미/김현희의 사연을 전한다. 영화 〈마유미〉가 개봉되고 1년이 지난 1991년에 김현희의 수기가 책으로 나왔다. 제목이 예사롭지 않다. '이제 여자가 되고 싶어요.' 마유미/김현희라는 인물은 처음부터 여자로 등장했으며 정부는 대중이 김현희를 여자로 기억하길 원했다.

십수 년이 지나 대학원 강의실에서 나는 체크무늬 재킷을 입고 고개를 약간 숙인 김현희의 얼굴 사진을 다시 보게 되었다. 한창 안티조선 운동이 일렁이고 있을 때였다. 보도사진이 사실을 왜곡하거나 대중의 감정을 활용하는 방식에 대한 예로 마유미의 얼굴 사진이 불려나왔다. 비극 속에서 소비한 여자의 얼굴. 동정론을 흡수한 그 얼굴. 그 얼굴을 바라본 익명의 관객들. 이 사건에 대한 사람들의 반응은 김현희의 얼굴을 보기 전과 후로 나눌 수 있을 정도다.

반면 115명의 희생자 얼굴과 이름, 목소리는 꾸준히 밀려났다. 이 사건과 관련해 가장 언론에 많이 등장한 얼굴은 테러리스트인 김현희다. 그는 이름이 두 개나 있으며, 책을 썼고, 보수 언론을 통해 지난 30년간 꾸준히 말해왔다. 죽은 자는 말이 없다. 말하지 못한다. 김현희는 2013년 MBC의 대담 프로그램 〈마유미의 삶, 김현희의 고백〉에 출연해 사건 후 25년간 자신의 삶에 대해 이야기하기도 했다. 이를 전하는 〈조선일보〉 기사는 "'KAL 858기 폭파 사건'의 주인공 김현희"라고 소개한다. 그렇다. 김현희는 폭파 사건의 주범이 아니라 '주인공'으로 소환된다. 115명의 희생자와 그 주변의 유가족은 1,150명일 수도, 1만 1,500명일 수도 있다. 그러나 오직 한 사람, 살아남은 범인 김현희만이 북한의 지령을 받은 피해자가 되어 사건의 이야기를 지배한다. 젊고 예쁜 여자가 북한 정권의 세뇌 때문에 일을 저질렀을 뿐 그 '여자'는 순수하게 남겨두려고 애쓴다. 보수 정권은 그가 이데올로기의 '피해자'인 양 강조하며 분단체제에서 남한 보수 정치의 동지로 그를 보호한다.

김현희는 노무현 정권이 자신을 '가짜'가 아닌지 의구심을 가진다며 이에 분개했다. '진짜' 테러리스트가 맞다며 가짜로 지목당한 자신이 '테러'를 당했다고 표현하기도 했다. 전 세계 어디에서도 테러의 희생자 유가족이 살고 있는 나라에서 테러의 가해자가 보수 언론과 정당의 보호를 받으며 진짜 테러범으로 인정받지 못할까봐 화를 내고 이토록 많은 말을 하는 경우는 없다. 보수 언론의 태도를 보자면 115명을 죽인 테러범보다 평양에 다녀온 임수경이 더 위험하고 반사회적인 사람 같다. 이 이야기의 편집권이 누구에게 있는 것일까.

내게 이 사건은 마유미/김현희라는 이름의 테러리스트가 얼굴을 드러내고 자신의 이야기를 하면서 희생자들의 서사를 지운 대표적 사건으로 남아 있다. 여성을 향한 외모 품평의 '문화'가 실은 고도로 야비한 정치가 될 수 있음을 방증한다. 김현희의 얼굴을 비추던 남한의 카메라는 30년 후 평창 동계올림픽을 응원하러 온 북한 응원단 여성들을 찍기 위해 화장실까지 따라갔다.

## 9. 소문의 정치

1)

앞서 언급했듯이 소문을 등에 업은 저널리즘의 모습을 보여준 사례가 가수 김광석의 아내인 서해순을 악마처럼 그린 이상호의 언론플레이와 그의 다큐멘터리 〈김광석〉이다. 법원은 2018년 2월 이상호에게 서해순 비방 금지 조치를 내렸다. 〈김광석〉은 여성에 관한 소문을 '다큐멘터리'라는 형식을 빌려 사실로 만들려는 시도다. 이상호는 기자라는 공적 신분으로 공적 발화를 하기에 그의 발언은 신뢰할 수 있는 목소리가 된다. 반면 '아줌마' 서해순의 목소리는 사적으로 취급받는다. 대중은 그의 말은 듣지 않는다. 서해순이 맥락을 가질 권리를 박탈한다. 소문으로 여성을 사회적 매장시키는 건 오랜 전통이다. 서해순은 흔히 소문에 눌린 여자의 모습을 보여주지 않았다. 그는 언론에 나와 인터뷰를 하고, 시종일관 당당하게 주눅 들지 않는 목소리로 말했다. 이에 대중은 더욱 격분한다.

이 사건을 둘러싼 언론의 보도에서 흥미로운 점은 김광석의 유족을 부르는 지칭이다. 유족에게 '고故 김광석측'이라는 표현을 쓰는데, 여기서 '고故 김광석측'은 고인의 혈연 중심 가족을 말한다. 형과 부모다. 아내는 이 '고故 김광석측'과 대립하는 입장이다. 김광석의 아내를 '유족'으로 보지 않는다는 뜻이다.

여성은 유가족이 되었을 때 상주가 될 수는 없지만 상을 당한 슬픔을 가장 확실하게 표현해줘야 한다. 소설 『바람과 함께 사라지다』에서 스칼렛 오하라는 첫번째 남편이 죽은 후 검은 상복을 입은 채 레트 버틀러와 자선 무도회에서 춤을 췄다.

주변의 눈총을 사는 건 물론이요 그 이후 두 사람은 보수적인 미국 남부 사회에서 상스러운 인간들로 취급받았다. 당시 남편이 죽은 여자는 최소한 2년 반 동안 상복을 입고 살아야 했다. 검은 옷에 검은 베일을 쓰고 액세서리를 하더라도 모두 검은색이어야 했다. 이 기간이 지나면 회색을 입고, 차차 검은색에서 벗어나 어두운색을 입는 단계를 또 거쳐야 한다. 완고하고 정숙한 여성들 중에는 남은 생을 모두 검은 옷만 입으며 살기를 선택하는 경우도 있었다. 스칼렛은 방정맞고 문란하기 짝이 없는 여자였다. 상복을 입고 춤을 추고, 애도의 단계를 거치지도 않고 다시 결혼하고, 두번째 남편도 죽자 또 상복을 입었다가 다시 결혼했다. 여성에게 입도록 강제하는 상복은 상을 당한 당사자의 감정을 존중하는 옷이 아니다. 상을 당한 사람을 보고 있는 타인들이 만족하기 위한 옷이다. 타인을 슬픔과 고통 속에 잠식시켜서 과거에서 벗어나지 못하게 만들기. 애도는 여성의 성역할이다.

열녀를 여성의 미덕으로 강요하던 조선시대는 물론 더 대단하다. 아내가 죽은 남성은 1년 동안 상복을 입었지만 남편이 죽은 여성은 평생 상복을 입어야 도리였다. 여성의 덕은 '효孝'와 '열烈'에 있다. 곧, 부모를 섬기고 남편을 따르는 일이다. 여기서 '부모'는 남편의 부모다. 죽어서도 '시집 귀신'이 되어야 한다. 『경국대전』에는 여자가 재혼하면 그 자식의 벼슬길을 막는 조항이 있을 정도였다. 그렇게 여성의 재혼을 금하여 '수절'을 강제했다.

영화 〈김광석〉에서 이상호 기자는 집요하게 남편 죽은 여자의 남자관계를 들춰내려 애쓴다. 이상호는 서해순의 면전에서 "김광석씨 여자 문제만 얘기하지 말고 본인 남자 문제도 말해보세요"라고 한다. 영화는 서해순이 말한 김광석의 여자 문제는 언급하지 않는다. 이는 관심 사항이 아니기 때문이다. 남자의 '사생활'이다. 그러나 김광석의 아내'였던' 여자에게는 이 질문을 '감히' 할 수 있다. 이상호는 무슨 자격으로 남의 남자 문제를 그리도 당당하게 취조하듯이 물을 수 있을까. 바로 여성의 성역할인 애도에 충실하지 않은 여성에 대한 응징이다. 그는 질문하는 권력을 가동시켜 집요하게 묻는다. 그 남자 이름이 뭐냐고 묻기도 한다. 서씨의 말대로다. "그걸 제가 왜 말해야 하죠?" 그는 김광석의 자살에 대해 수색하기보다 서해순의 남자 문제를 들여다본다. 그로 인한 김광석의 고통과 상처를 강조한다. 이렇게 나쁜 여자 때문에 마음 아파했을 남자를 떠올리도록 만든다.

이 영화의 후반부에서는 서씨와 시아버지가 전화로 다투는 내용을 들려준다. 이때 통화의 맥락은 중요하지 않다. 다만 악다구니를 치는 서씨의 모습은 듣는 이를 경악시키기에 충분하다. '어디 감히 시아버지에게!' 그렇게 서씨는 여자의 필수 덕목인 '효'와 '열'을 배반한 인물이 된다. 여기에 "명백한 영아살해"라는 자극적인 말을 던지면서 모성을 배반한 최악의 여자로 만든다. 그렇게 이 영화는 서해순을 천하의 둘도 없는 악마로 만든다. 한 사람을 뚜렷한 증거도 없이 악마로 만들고도 이에 대해 어떠한 양심의 가책도 없이 정의의 수호자를 자처한다.

영화 초반에는 주로 김광석에 대한 향수를 보여준다. '미싱사 구함'이라는 구인 광고와 도시 뒷골목에서 일하는 노동자들의 손길을 보여주며 김광석의 음악이 탄생한 곳이라 한다. 노동하는 손길과 김광석의 음악을 연결지으며 김광석 음악의 고뇌와 정의로움을 강조한다. 나 역시 김광석 음악을 좋아한다. 그러나 김광석 음악의 성격을 보여주는 그 방식은 참으로 상투적이었다. 서해순을 향한 공격의 마지막에는 저작권, 곧 돈 문제가 있다. '남편이 생전에 번 돈에 대해 권리를 가진 여자'를 향해서는 넘치도록 적개심을 보여주는 반면, 생전에 궂은 일하는 노동자에게 시선이 머물렀던 그 남편을 배치시키는 이 방식은 뻔하고 진부하다. 노동을 남성의 의제로 만들고 남성의 노동과 경제에 의존적인 존재로 여성을 그리기 때문이다.

이상호는 길을 걷다가 김광석 음악이 들린다며 어느 작은 가게에 들어가 주인에게 "오늘이 김광석 기일인 거 알았냐"라고 묻는다. 가게 주인은 그냥 라디오에서 나오는 음악일 뿐 몰랐다고 하며 "바빠서"라고 말한다. 이상호는 별로 개의치 않고 오늘이 김광석 기일이라며 제 할말을 하고 나온다. 또한 구차하게도 수해로 자신이 모아두었던 자료가 망가진 상황을 보여주며 역시 담벼락에서 슬픔에 차 흐느끼는 자신의 모습을 보여준다.

어차피 이 영화가 정답을 정해두고 있다는 사실은, 심리부검 전문가가 영화에 등장할 때 확실하게 알 수 있다. 일기장을 본 심리부검 전문가가 자살이 맞다고 해도 이 영화는 '그럴 사람이 아니다'라는 주변인의 목소리에 더 무게를 둔다. 이 세상에 '그럴(자살할) 사람'이 따로 있을까. 전문가를 무작정 신뢰해서도 안 되겠지만, 이렇게 전문가들의 의견을 믿지 않고 내가 정한 정답이 맞다고 우기며 여론 재판으로 상황을 끌고 가는 태도는 언론인의 제대로 된 직업윤리라고 볼 수 없다. 이 사태를 보면 감각으로 살인자를 가려내는 능력이 거의 신의 경지에 오른 사람이 한둘이 아님을 알 수 있다. 영화 〈김광석〉의 개봉 후 논란이 일자 서해순은 JTBC 〈뉴스룸〉에 출연을 했는데, 출연 후 '눈빛을 보니 진정성이 느껴지지 않았다', '그에게서 어떤 슬픔도 볼 수 없다'며 많은 사람들이 서해순을 살인자로 몰아갔다.

심지어는 '실제로 살인을 하지 않았더라도, 자살을 하게 만들었으니 죽인 거나 다름없다!'고 한다. 이게 무슨 뜻일까. 결국 '실제로' 서씨가 범행을 했는지 안 했는지는 알고 싶지도 않고, 정작 그토록 외치는 '진실'이 중요하지 않다는 뜻이다. 김광석의 아내를 '천하에 나쁜 년', '악마'로 만드는 것이 중요할 뿐이다. 그것이 정의다. '믿습니까'를 외치면 '믿습니다'로 답하며 서로의 믿음을 확인한다.

또다른 인상적인 태도는 서해순과 최순실의 공통점을 찾는 시각이다. 이 시각이 시사하는 바가 있다. 외모가 닮았다, 태도가 비슷하다 등의 의견이 있지만 아무리 봐도 두 사람은 비슷하지 않다. 이는 '탐욕스러운 중년 여성'의 얼굴을 바라보는 이 사회의 관념이 만든 착시현상이다(나는 서해순이 탐욕스러운지도 잘 모르겠다). 최순실의 등장 이후 '최순실 같다'라는 말은 여성을 겨냥하는 하나의 욕이다. 우리 사회에서는 중년 여성의 얼굴이 드물게 재현되기 때문에 최순실이 남긴 이미지는 너무도 강력하다.

3)

음모론과 여성혐오, 남성에 대한 연민의 집합체인 영화 〈김광석〉을 옹호하는 목소리는 '합리적 의심'을 내세웠다. 이미 역사에는 잘 알려진 '악처'가 있다. 이들에 대한 '합리적 의심'을 해보는 건 어떨까. 소크라테스의 아내 크산티페, 모차르트의 아내 콘스탄체, 그리고 톨스토이의 아내 소피아. 이들은 무려 세계 3대 악처로 꼽히는 인물들이다. 이 여성들은 경제적으로 무책임한 남편들에 비하면 생활력이 있고, 특히 톨스토이의 아내 소피아는 톨스토이 작품을 교열하는 역할까지 했다. 여자가 악처로 불리기는 남자가 애처가로 불리기만큼이나 쉽다. 악처가 아님을 증명하지 못하면 악처가 된다. 악처 만들기는 나름 역사가 있는 세계적 오락이며 남성을 피해자화하는 보편적 방식이다. 신화로 거슬러올라가면 헤라도 악처이며 아프로디테는 문란하다.

　　가수 김광석의 죽음을 둘러싸고 쏟아내는 말들은 아무리 뒤져봐도 합리적으로 보이지 않는 시각이 '합리적 의심'을 가장했다. 무너뜨릴 수 없는 한 음악가의 신화와 그의 악처를 처단하겠다는 잔인한 무책임이 한 사람을 연쇄살인범으로 소문내는 사태를 초래했다. 심지어 언론에서 김광석의 아내를 '공인'이라 칭하기까지 한다.

"언론은 '합리적 의심'에 근거해 의혹을 제기하는 게 역할이다. '무죄 추정 원칙'은 사법적 논리다. 언론에 이를 따르라한다면, 수사권 없는 언론은 발표 기사 외에 무엇을 쓸 수 있을까. 그리고 서해순은 어쨌든 김광석과 관련해선 '공인'이다. '합리적 의심'과 '무책임', 또는 '냉정'과 '열정', 또는 사회적 '공기'와 '흉기', 그 사이에 희미한 선이 있을 것이다."[36]

김광석도 공인이 아니며 김광석의 아내는 더욱 공인이 아니다. 이미 모든 절차가 끝났고, 전문가들의 '합리적' 조사를 통해 종결된 사건을 소문에 의지해 의심하고, 사실상 대중에게 한 사람을 '살인자'로 볼 소지를 마구 던지는 태도는 전혀 합리적이지 않다. 언론을 비롯해 '합리적 의심'이라 주장하는 누리꾼의 목소리 밑바닥에는 남자가 (일부 아내의 도움을 받아) 번 돈이 그 남자의 원가족에게 가지 않고 '정숙해 보이지 않는' 아내에게 갔음에 대한 분노가 깔려 있다. 이를 정의와 진실을 위한 투쟁으로 둔갑시킨다. 남편 죽은 여자답지 않게, 자식 잃은 엄마답지 않게 고통스러워 보이지도 않고, 남편 죽었는데 다른 남자랑 살고, 죽은 남편이 남긴 재산으로 호의호식한다, 시'댁'이랑 (감히) 싸우고!

남이 가진 고통의 진정성을 파악하려는 태도야말로 얼마나 폭력적인가. 2008년 배우 안재환의 자살을 두고 그와 결혼했던 개그우먼 정선희에게 대중이 벌인 여론재판은 끝도 없었다. 전 국민이 시'댁'이다. '남편 잡아먹은 여자'라는 서사에 이미 익숙한 사회에서 남편 죽고 자식 죽은 죄인이 너무 당당하니 점점 더 가혹한 말을 쏟아붓는다. '악마'라는 말을 쉽게 뱉는 그 입들이 원하는 진실에는 이미 모범 답안이 있다. 진실을 알고 싶은 것이 아니라 진실을 규정하려는 욕망이다.

과도한 확신은 모든 사실을 잠식시킨다. 의혹 제기와 어떤 사람을 의혹만으로 '악마의 얼굴'을 가졌다고 단정짓는 무책임한 행동은 전혀 다른 차원의 행동이다. 영화가 저널리즘을 대신하는 상황의 심각성에 언론조차 둔해졌다. 2012년 개봉한 영화 〈부러진 화살〉*을 다시 생각해보자. 사실을 바탕으로 만들어졌다 해도 감독의 개입이 있기 마련인 영화에서 어떤 이들은 사실을 확신했다. 한 언론에 실린 이 영화에 대한 시민의 리뷰는 마지막을 아예 이렇게 끝맺는다. "이 영화 대박 나야 해. 사회정의를 위해서!"[37] 특정 영화가 '사회정의'를 위한 매개가 되는 현상은 그리 특별하지 않다. 실제 있었던 어떤 사건이 대중적인 영화가 되면 다시 사건을 환기시키는 긍정적인 작용을 한다. 그러나 영화라는 필터를 통해 '걸러진 사실'을 다시 언론이 보도하면서 '영화 줄거리'와 '사건의 사실'은 자주 뒤섞인다.**

진실이 아니라, 진실을 추적하는 '나'에 대한 나르시시즘은 자신이 무슨 폭력을 저지르고 있는지 결코 볼 수 없게 만든

---

\* 〈부러진 화살〉은 2007년 '석궁 사건'이라 알려진 실제 사건을 토대로 한 영화다. 대학에서 해고된 김명호 전前 성균관대 수학과 교수가 교수 지위 확인 소송 사건의 항소심을 맡은 부장판사에게 석궁을 쏜 혐의로 구속되어 4년간 수감 생활을 했다.

\*\* 이런 현상을 비판하는 시민편집인의 목소리가 〈한겨레〉에 실린 적이 있다.
"언론의 소극적 태도는 영화 개봉 뒤에도 계속되고 있다. 영화 내용이나 양쪽 주장을 소개하는 데 그칠 뿐 무엇이 진실인지 파헤치려는 노력들은 별로 눈에 띄지 않는다. 〈한겨레〉는 인터넷판에만 싣는 '하니only' 기사로 김명호 교수 인터뷰를 내보냈지만, 박홍우 판사, 아파트 경비원, 박훈 변호사 등을 만나 사건 당시 상황을 재구성하거나 '부러진 화살'의 행방 등을 추적하는 기사는 없었다." (이봉수, "'부러진 화살'은 언론을 쏘았다", 〈한겨레〉, 2012년 1월 24일, http://www.hani.co.kr/arti/opinion/column/515858.html)

다. 영화 〈김광석〉은 김광석의 '음악 인생'에 대해 부지런히 파고들지도 않았고, '그 사건'에 대한 대단한 내용도 없다. 대신 김광석을 추억하며 그의 죽음을 추적하는 이상호 기자 자신을 향한 연민 어린 시선이 가득하다. 이 영화를 보면서 내 눈에 들어온 내용은 이들이 맺고 있는 유연한 인간관계였다. 이상호 기자는 김광석의 형인 김광복을 '형님'이라 부르고, 가수 박학기에게도 '형님'이라 부른다. 김광복씨는 이상호 기자에게 편하게 반말을 한다. 취재라기보다 동맹이었다. 형님들의 동맹이 저널리즘의 이름으로 서사를 장악한다.

# 3장
# 메갈리아
## : 침묵당하기에서 교란시키기로

### 1. 상스러운 여성의 탄생

여성들의 목소리가 전보다 높아지자 출판계는 물론, 방송에서도 페미니즘이 '붐'이라고 하거나 '핫'하다며 페미니즘을 인기 있는 상품으로 여기고 있다. 페미니즘이 '상품'에 그치고 말 우려도 있지만, 그럼에도 이러한 변화는 필요하다고 생각한다. 그런데 대중문화에서의 이런 변화에도 홍준표 당시 자유한국당 대표는 2017년 한 여성정책 토론회에서 "젠더 폭력이 뭐냐"고 물었다. 대선 후보까지 올랐던 주요 정당의 정치인이 젠더 폭력이 무슨 뜻인지 모르고, 이 모름을 부끄러워하지 않는다. 이에 대해 지적받자 그는 이렇게 항변했다.

"홍대표는 억울하다는 듯 '아니 모르는 걸 모른다고 해야지……'라며 항변하다가, 채회장의 발언이 끝나고 난 후 '젠더는 사회적 의미의 성이고 섹스는 생물학적인 의미다……. 제가 트랜스젠더라는 말은 많이 들었는데 젠더란 말을 따로 단어로는 오늘 처음 찾아봤다. 그래서 젠더 폭력이라는 말이 무슨 뜻인가 이해가 안 돼서 물어본 것이다'라고 말했다."[38]

그에게 '이런' 지식은 몰라도 창피하지 않다. 알 필요가 없는 지식이다. 오히려 알려고 하는 모습이 이미 권력을 잃은 자의 태도라고 여기기 때문에 기를 쓰고 모르려고 한다. 이는 단지 '무'지성의 상태가 아니라 '몰라도 되는' 문제를 적극적으로 모르고자 하는 의지가 개입된 태도다. 필요에 따라 남성이 스스로를 '애 아니면 개'에 놓는 이유다. 익숙한 혐오는 보이지 않는다. 그것은 제도다.

2015년 1월 한 패션지에 실린 김태훈의 칼럼 "무뇌아적 페미니즘이 더 위험해요"는 소셜미디어에서 여성들의 '페미니스트 선언'을 이끌어내는 촉진제가 됐다. 그는 이슬람국가(IS)보다 페미니스트를 더 위험한 집단으로 몰아갔다. 얼토당토않은 주장이지만 이 칼럼을 무시하기 어려운 이유는 '무지의 특권'을 아주 잘 드러내기 때문이다. 정치인이 시위하는 시민을 테러리스트로 몰아가듯, 여성혐오 세력은 페미니스트를 '페미나치'에서 한발 더 나아가 IS에 비유하며 마땅히 척결해야 할 세력으로 만든다. 이런 방식의 전술이 비웃음을 사기보다 버젓이 활자로 인쇄되어 칼럼이라는 형식으로 생산된다. 이는 한 사회의 지식 권력과 표현 권력이 심각하게 한쪽으로 기울어졌다는 의미다.

"콘돔의 발명으로 여성의 성이 온전히 자율권을 갖게 된 1960년대에 페미니즘은 발생했다"라고 당당히 매체에 기고할 정도로 그는 '몰라도 말할 수 있는 권력'을 가졌다. 페미니즘은 1960년대에 '발생'하지 않았고, 콘돔의 발명 덕분에 여성의 성이 '온전히' 자율권을 갖게 되지도 않았다. 갈수록 페미니즘의 연대기를 새로 쓰는 사람들의 용기에 새삼 놀란다. 이 주장의 역설은 콘돔 안 쓰기로 유명한 한국 남성들을 생각해봤을 때 한국 여성들의 성적 자율권이 얼마나 위협받는지 알 수 있다는 점이다. 글쓴이는 이러한 사실은 전혀 염두에 두지 못한 채 콘돔과 여성의 성적 자율권을 언급하고, 한국 페미니즘도 용기 있게 비판한다. 아무것도 모른 채 아무 말이나 써도 글이 된다는 소리다.

그렇게 남성 동맹의 '아무 말' 속에서 여성의 서사와 저항의 역사가 전수되지 못하는 운명에 처한다. 이로 인해 2015년 2월 소셜미디어에서 '#나는 페미니스트입니다'라는 해시태그 운동이 일어났다. '나는 페미니스트는 아니지만'이라는 증후군이 만연했던 기존의 사회 분위기를 생각하면, 단지 소셜미디어에서 벌어졌다고는 하지만 이 익명의 선언은 어느 정도 파장을 남길 수밖에 없었다.

더불어 2015년 여름 만들어진 여성주의 커뮤니티 사이트 '메갈리아'*의 탄생은 적어도 온라인상에서 여성의 언어에

---

* 2015년 '디시인사이드'의 '메르스갤러리'에서 남성 사용자들이 메르스 여성 환자를 두

일대 변화를 가져왔다. '메갈리아'는 시각에 따라 페미니즘 사이트와 '남성혐오' 사이트로 나뉘어 불렸다. '메갈리아'는 성소수자나 성 판매 여성에 대한 혐오 등의 이유로 내부에서도 갈등과 분열을 겪었다. 이때 분리되어 협소한 의미의 '여성'에 집중한 커뮤니티가 '워마드'다. '메갈리아'는 외부의 꾸준한 비판과 공격, 내부의 갈등으로 인해 활발하게 활동한 기간은 1년이 채 안 된다. 금세 사이트 방문객이 줄어들고 활동이 뜸해지더니 2년도 되기 전에 사용자를 찾기가 거의 어려워지고 사이트는 접속도 되지 않아 유명무실해졌다. 하지만 이 기간에 '메갈리아'가 남긴 파문은 컸다. '메갈리아' 활동 초기 1년 동안에만 '나무위키'의 '메갈리아' 항목에 300만 자 정도의 글이 수정되고 추가되었다고 한다.

'메갈리아'와 더불어 비판되곤 하는 '일베' 역시 간략히 살펴볼 필요가 있다. '일베'는 '디시인사이드'에서 파생되어 2010년 만들어졌으며, '일베'의 극우 성향과 여성혐오를 우려하는 목소리는 2013년경부터 본격적으로 언론에서도 드러나기 시작했다. '메갈리아'와 달리 '일베'는 여전히 회원들의 활동이 활발하며, 이제 온라인을 벗어나 오프라인에서도 점차 당당하게 정체를 드러낸다. '메갈리아'를 둘러싼 논쟁에서 주의할

---

고 '김치녀'라고 조롱하자 여성 사용자들이 이에 대응했다. 메르스와는 무관하게 점차 여성혐오 문제가 제기되었고 2015년 8월 '메갈리아'라는 이름으로 별도의 사이트가 만들어졌다. 이름은 노르웨이 소설 『이갈리아의 딸들』에서 비롯되었고, 메갈리아 사용자들은 '메갈리안'으로 불렸다. 이 사이트에서 이용자들은 사회의 여성혐오 문제를 적극적으로 지적하고 관련 정보를 공유했으며, 무엇보다 눈에 띄게 전투적인 언어를 거침없이 사용하면서 신조어를 낳기 시작했다. 예를 들어 '김치녀'와 '된장녀'의 대항 언어인 '한남충'이 대표적이다.

점은 '메갈리아'의 찬반 여부에 초점이 맞춰져선 곤란하다는 것이다. 발생 맥락과 이들을 둘러싼 사회의 반응에서 발견할 수 있는 차별의 숨겨진 얼굴에 집중해야 한다. '메갈리아'의 상징성과 이를 바라보는 사회의 시선에서 쏟아져나온 차별과 폭력의 양태는 여성혐오의 구조를 잘 드러낸다.

역사학자 전우용은 자신의 트위터 계정을 통해 '메갈리아' 활동을 두고 '소아병'으로 부르거나 김태훈과 마찬가지로 IS에 비유했다. 최선을 다해 '메갈리아'를 폭력적 이미지로 몰아가기 위해서다. 그는 자신의 이런 극단적인 비유를 두고 "나중에 가서는 사회적으로 위험한 결과를 낳을 수 있다는 점을 지적하고 싶었다"[39]라고 설명했다. 그는 꾸준히 소셜미디어를 통해 '메갈리아'를 비판하면서 넥슨 성우 교체 사건 당시 "스탈린주의가 곧 사회주의가 아니듯 '메갈리아'가 곧 페미니즘은 아닙니다"라고도 했다. 여성혐오에 대항하는 '메갈리아'의 '올바르지 않은 태도'를 IS와 스탈린주의로 비유하던 그는 반면 트위터에서 탁현민을 옹호하며 "책에 어떤 내용을 썼다는 것만으로 10년 후 해고 사유가 된다면 이 시대 젊은이들에겐 그게 더 무거운 족쇄일 것"이라고 했다. 이렇게 적극적인 '모름'으로 무장한 '지식인'들은 IS보다 더 강력한 극단주의 세력이 등장하면 또 그 이름을 빌려 여성의 목소리를 제압하는 데 힘을 보탤 것이다. 여성주의 활동가 권김현영의 표현대로 젠더는 정확하게 "무지의 특권이 지배하는 영역"[40]이기 때문이다.

'메갈리아'의 활동은 사라졌지만 '메갈리아'라는 이름은 지금도 한국 사회에서 페미니즘을 공격하는 수단이며 여성의 입을 틀어막는 검열의 도구로 활용되고 있다. '메갈'은 어느새 낙인의 이름이 되었다. '메갈'은 진짜 페미니스트가 아니라고 한다. 세상을 해석하든, 변화시키든, 무언가를 해야 한다. 그러나 누가 진짜인지를 두고 겨루는 인정투쟁이 반복적으로 등장한다. 좌파를 감별하는 좌파 감별사, 페미니스트를 감별하는 진짜 페미니스트.

'메갈리아'에서 파생된 '워마드'는 독립운동가, 노동운동가, 종교의 성물, 참전 용사 등 함부로 할 수 없는 대상에게 무차별적인 공격을 가한다. 원론적으로 옳지 않다. 대항이라기보다 하나의 놀이처럼 변모하는 '워마드'의 활동은 충분히 우려할 면을 보여주고 있기에 비판적 개입이 필요하다. 그렇다면 이 옳지 않음만을 지적할 것인가. 질문은 '이 옳지 않음은 왜 발생했는가'에까지 들어가야 한다. 종교, 노동운동, 민주화 투쟁 등 모든 역사적 투쟁의 장에서 여성은 소외되었다. 여성은 참여했으나 참여하지 않았다. 여성은 있었으나 없었다. 이들은 여성의 '있음'을 만들기 위해 시선을 환기시키는 역할을 한다. 문제는 '워마드'의 '옳지 않음' 아니라 이 '옳지 않은 거울'이 보여주는 원본이 바뀌지 않는다는 점이다.

나름 기본 교양이 있는 사람이라면 대부분 겉으로는 페미니즘 자체를 결코 부정하진 않는다. 대신 페미니즘의 부정적 영향을 강조하려고 애를 쓴다. 이들은 프랑스의 마린 르펜처럼 극우의 얼굴을 한 '페미니스트'를 부정적 사례로 언급하기 좋아한다. 그리고 '진정한' 페미니스트를 강조하며 오늘날 한국의 페미니스트는 진짜 페미니스트가 아니라고 한다.

'진짜(진정한)'와 '모든'의 함정에 빠지기 시작하면 누구도 쉽게 헤어나오지 못한다. '진정한 페미니즘이 아니다', '모든 폭력은 나쁘다', '모든 혐오 발언은 나쁘다' 등으로 '메갈'을 비난 혹은 비판하기란 쉽다. 나아가 '메갈리아'의 언어가 용납되면 '일베'의 언어도 허락된다는 논리도 대두된다. 단지 여성혐오 집단만의 태도가 아니다. 일부 페미니스트들도 같은 논리를 적용했다. 이 '진정성'을 빌미로 새로운 언어를 내치려는 여성혐오 집단과, 역시 '진정성'에 스스로 갇혀 '메갈리아'로 상징되는 새로운 움직임과 거리를 두려는 페미니스트의 목소리는 결국 동일한 결과로 향했다. '메갈리아'를 극단주의로 규정하는 것이다. 페미니스트 철학자 이현재는 이러한 현상을 고민하고 궁극적으로 메갈리아의 언어를 인정해야 하는 이유를 잘 설명한다.

"내가 불편했던 것은 그들의 문제가 아니었다. 내가 그들을 비체로 인정하지 않았기 때문이며, 오히려 나의 언어 안에 그녀들을 가두려고 했기 때문이었다. 그녀들을 비체로 인정하는 순간, 순수성과 완결성으로 '무장'한 나의 이념에 스스로 갇혀 있었음을 깨닫게 되었다. 페미니즘은 어떠해야 한다, 페미니스트는 어떠해야 한다와 같은 잣대를 만들어놓고 그녀들에게 도덕적 순수성과 논리적 완결성을 요구하는 일이야말로 버틀러가 말한 '윤리적 폭력'과 다름이 없다는 것을 알게 되었다."[41]

페미니스트 중에도 '나도 저들과 동류로 보일까봐' 메갈리아와 적극적으로 선 긋기를 하는 이들이 있었다. '이러다 페미니즘 이미지가 나빠지면 어떡하냐', '이러다 페미니스트가 다 그런 줄 알면 어떡하냐', '이러다 남자들이 더 공격하면 어떡

하나' 등의 걱정에 휩싸인 이들이 있었다. 이렇게 걱정에 휩싸인 일부 '페미니스트'와 여성혐오 집단이 윤리적 폭력을 통해 '메갈리아'를 극단주의로 몰아가는 동안 '메갈리아'라는 낙인은 단지 '온라인 싸움'을 넘어 여성의 노동 현장을 비롯한 일상으로 침투했다. 페미니스트 옷을 입은 성우는 왜 자신의 역할에서 물러났을까.

## 2. 넥슨 성우 교체 사건

'메갈리아'가 만들어진 지 1년 정도 되었을 때 '메갈리아' 낙인은 조직적인 소비자 운동으로까지 번졌다. 대표적인 사건이 2016년 7월 18일 넥슨의 게임 〈클로저스〉의 캐릭터 티나의 목소리를 담당한 성우 교체 사건이다. '메갈리아'가 만들어진 후 벌어진 여러 사건 중 '넥슨 성우 교체 사건'은 정의당의 대규모 탈당 사태로까지 이어졌다는 점에서 주목할 만한 '정치적 사건'이다. 이 사건을 심층 분석한 〈시사인〉도 절독 사태에 휘말렸다. 한 사람에게만 해당하는 단편적인 사건이 아니라 '메갈'이라는 이름이 붙어 공격받는 사람은 일자리를 잃을 수도 있다는 선례를 남겼다는 점에서 중요한 사건이기도 하다.

사건은 해당 성우가 트위터에 한 티셔츠를 입고 이를 인증한 사진을 올리면서 시작되었다. "왕자는 필요 없다Girls do not need a prince"라는 글귀가 쓰인 티셔츠였다. 이 티셔츠는 성폭력이나 가정폭력 피해자 여성을 후원하기 위한 페이스북 페이지 '메갈리아4'에서 만들었다. 트위터에서는 곧장 성우에게 '메갈리아'를 지지하는 행동을 철회할 것을 요구하는 이들이 나타났으며, 이에 성우는 자신의 소신을 밝혔다. 그는 "'메갈리아'는 미소지니(여성혐오)에 대응하는 사이트로 알고 있으며 '나무위키'야 말로 미소지니가 팽배한 곳으로 알고 있다. 내가 옳다고 생각하는 쪽을 지지할 것이고, 이에 관해 책임을 진다"는 취지의 말을 남겼다.

해당 성우에게 의견 철회를 강권한 이들은 페미니즘은 지지하지만 '메갈리아'는 '진짜' 페미니즘이 아니며 '남성혐오' 단체라고 주장했다. 또한 '메갈리아'에서 갈라져나온 더 극단적인 단체 '워마드' 회원도 티셔츠 제작에 관여하고 있으니 '메갈리아'를 지지하기 위해 티셔츠 인증 사진을 올리는 행위가 옳지 않다고 지속적으로 주장했다. 급기야 사태는 '당신은 메갈이냐, 아니냐'라는 사상 검증 차원으로 넘어갔다. 많은 이들이 '메갈리아'를 반사회적 단체로 명명했으며, 급기야 넥슨에 성우 교체를 요구했다. 넥슨은 결국 성우를 교체했으며 성우도 이를 받아들였다. 고작 하루 만에 벌어진 일이다. 성우 교체 사건은 여성이 노동시장에서 '여성이기 때문에' 어떤 부당한 차별을 받는지 알려준다. 현직 기자 신분으로 "빨갱이는 죽여도 돼"라고 쓰인 팻말을 든 시민과 사진을 찍은 김세의는 2018년 8월 스스로 사직할 때까지 노골적으로 '일베'를 예찬했지만, 김세의의 사회적 자리는 위협받지 않았다.

넥슨 성우 교체 사건에 앞선 5월, 강남역 살인 사건을 거치며 가만히 있지 않겠다는 여성들의 연대는 더욱 강해졌다. 이후 일어난 성우 교체 사태는 성우 한 사람의 문제로 끝나지 않았다. 여성의 목소리를 지우는 사회에 강력하게 대응하는 움직임이 일어났다. 웹툰 사이트 '레진코믹스'에 작품을 연재하는 만화가 중에도 '메갈리아' 지지를 표하는 작가들이 있었다. 이에 사태는 '메갈리아'를 지지하는 만화가를 보이콧하는 상황으로까지 퍼졌다. 이는 독자들의 '레진코믹스' 탈퇴 운동으로 이어졌다. '오늘의유머(오유)'는 정부의 웹툰 규제를 찬성하는 '예스컷-창작은 권력이 아니다'라는 운동을 벌이는 등 여성의 목소리를 제한하기 위해 과감히 검열을 지지하는 움직임까지 보였다. 대체로 더불어민주당이나 정의당을 지지하는 사용자들이 모인 '오유'는 '일베'와 정치적 입장에서는 차이를 보이지만, 여성혐오에 관해서는 큰 차이가 없다. 문화예술계 블랙리스트에는 분노하지만 여성의 창작을 검열하고 규제하기 위해서는 힘을 모은다.

이 사건은 여러 언론에 기사화되었고, 이틀 후에는 정의당 문화예술위원회가 이에 관해 논평을 냈다. "성우는 정치적 의견을 내세웠을 뿐이며, 따라서 그 탓에 직업 선택의 자유와 양심의 자유가 침해받아서는 안 된다"는 내용이었다. 이제 사건은 본격적으로 정치화되었다. 당시 상당수의 정의당 당원은 정의당이 '여성혐오'와 무관한 사건을 여성혐오의 문제로 만든다고 비판했으며, 성우의 입장은 정치적 의견이 아니라 혐오 단체 옹호라고 했다. 그들은 정의당이 '페미나치'나 다름없는 극단적이며 반윤리적인 단체를 옹호한다고 목소리를 높였다. 문화예술위원회가 논평을 철회하지 않으면 탈당하겠다는 으름장을 놓았고 실제로 탈당 사태가 일어났다. 당원뿐 아니라 '오유'도 정의당 지지 철회를 선언하는 등 사회 전반적으로 정의당을 향한 질타가 빗발쳤다. 결국 정의당은 이 논평을 철회했다. 정의당은 문화예술위원회의 논평은 당의 공식적 입장이 아니라고 선을 그었다. 게임 사용자라는 소비자들의 항의에 넥슨이 성우를 교체했듯이, 정당은 당원이라는 고객의 소리에 결국 무릎을 꿇었다. 고객은 왕이며, 수요자의 요구는 정의의 기준이 되었다.

물론 정의당 내부에서도 이 사태에 관한 의견은 하나로 정리되지 않았다. 당시 정의당 미래정치센터 소장 조성주의 경우 "사회 구성원 어느 누구에게도 가해지는 극단적이고 공격적인 발언에는 반대한다. 그러나 표현에 관한 윤리적 판단 이전에 그 사회적 맥락과 배경을 살피지 않은 단정적이고 무조건적인 배제에는 더더욱 반대한다"[42]는 입장을 밝혔고, 정의당 내 여성주의자 모임에서도 공당의 여성주의가 후퇴하는 태도를 비판하는 성명을 냈다. 그러나 이들의 의견은 끊임없는 반발에 부닥쳤다. 이렇게 이 사건은 정의당의 정체성, 나아가 진보 정당의 정체성을 진지하게 고찰해야 하는 사건으로 커졌다. 넥슨 성우 교체 사건은 여성혐오와 여성의 표현의 자유, 노동권, 진보 정당의 입장 등이 중첩된 상징적인 사건이다. 정의당은 소수자를 향한 정치적 가치보다는 당원의 탈당이라는 '표'의 힘에 좌우되었다.

이 현상을 설명할 논거를 제대로 찾지 못한 언론은 '나무위키'를 인용해 '메갈리아'를 정의하기도 했다. "넥슨의 조치를 지지하는 여론도 만만치 않다. 이들은 대표적 여혐 사이트인

'일간베스트'가 '애국 보수'가 아닌 것처럼 '메갈리아' 역시 페미니즘과 무관한 단순 남성혐오 사이트라고 지적한다. 각종 저질 단어를 사용해 선동을 일삼았다는 주장이다. 네티즌이 직접 만드는 인터넷 백과사전 '나무위키'는 '메갈리아'를 '여성의 권리를 위한다는 명분을 내세우고 있지만 실상은 같은 여성의 적이자 사회악인 집단'이라고 적시했다('나무위키'의 일부 페미니즘 관련 키워드에 관한 설명은 여성혐오자들이 주로 쓰고 있다는 지적도 있다)"[43] 메갈리아라는 이름은 혐오의 원본이 되었다. 이에 따라 여성혐오의 역사는 증발하고 오늘날 남성들은 피해자가 되었다.

순식간에 '여혐 대 남혐'의 구도가 짜였다. 언론은 '대립', '대결' 혹은 '갈등'이라는 단어를 사용하여 이데올로기를 감춘다. '모든 혐오에 반대한다'라는 식의 '좋은' 말들이 '여성'이라는 개념을 성실하게 지워갔다. 이는 '메갈리아'가 일으킨 '언어 봉기'를 묵살하는 방식이다. 나아가 이러한 묵살을 제도화한다. 웹툰 작가를 '한남충'이라 지칭한 여성에게는 벌금형이 선고되었다. 벌금은 30만 원이다. 내용은 이렇다.

"'한남충에서 '충'은 벌레라는 뜻으로 부정적 의미가 강하고, A씨는 피해자 개인을 대상으로 해 문제의 글을 썼고 모욕의 고의가 있었다'고 판단했다. 이어 '모욕적 언사를 사용하지 않고도 불매운동을 할 수 있음에도 피해자의 가치에 관한 사회적 평가를 저하할 만한 표현을 사용했다'고 지적했다."[44]

반면 2017년 8월 "메갈BJ(갓건배) 죽이러 간다"던 남자 BJ는 경찰에 체포되어 범칙금 5만 원 처분을 받고 귀가조치되었다. 경찰은 "형사과로 넘기기에는 사안이 경미하다"고 했다. 공권력은 여성을 향한 모욕과 물리적 폭력, 살인에 이르기까지 편파적으로 남성의 입장을 대변한다. 7,000여 명이 생방송으로 여성을 향한 살해 협박을 구경하면서 여성의 죽음은 하나의 '공연'이 되고 말았다. 이 사건에 앞서 왁싱샵을 운영하던 여성이 살해된 사건\*과 겹쳐 생각해보면 젠더 권력의 차이는 뚜렷하게 드러난다. 수없이 많은 여성 연예인을 비롯해 불특정 다수의 여성들이 '김치녀'나 '된장녀'가 되어도 제도적으로 이러한 발언이 규제를 당하지는 않았다. 오히려 국립국어원은 2006년에 이미 '된장녀'를 신어 목록에 올려서 된장녀의 실체를 인정해버렸다. 여성혐오는 이렇게 역사가 되고 예술이 되며 종교와 철학의 지위를 얻어 인간의 의식과 피와 살을 구성한다. 여성을 남성 서사의 부속물로 활용하거나, 이런 논란에서 혹시 빠져나가고 싶다면 아예 여성 자체를 삭제하는 선택을 한다. 정의당의 입장 철회는 이렇게 고질적인 목소리의 편파성에 문제를 제기하기보다 오히려 이에 굴복하는 역할을 했다.

혐오 발언과 행위를 편의상 이렇게 나눠보자. (1)속으로만 생각하기—(2)사적인 관계에서 같은 생각을 가진 사람끼리 말로 표현하며 공유하기—(3)강연이나 출판물 등 창작 활동을 통해 공적 영역에서 불특정 다수에게 혐오와 비하 감정을 표현하기—(4)행동으로 옮기기. 이 각각의 단계 사이에는 어마어마한 차이가 있다. 2단계까지는 외부의 개입이 어렵다. 3단계부터는

---

\* 서울의 한 1인 왁싱샵 주인인 여성이 남성에게 살해된 사건으로, 당시 가해자는 남성 BJ가 진행한 해당 왁싱샵을 방문한 인터넷 방송을 보고 여성이 혼자 일한다는 사실을 안 후 범행의 대상으로 삼았다.

개입이 필요하지만 사법적 영역이라기보다 비판의 영역이다. 4단계는 명백하게 사법적 개입이 필요하다. 현재 한국 사회는 여성 살해 협박이 일어나도 기본적인 사법적 개입도 제대로 작동하지 않는 곳이다. 탁현민의 여성 비하 발언을 옹호하는 목소리의 규모에서 알 수 있듯이 3단계에 대한 비판도 제제받는다. 연이어 터져나오는 단톡방 성희롱이나 불법촬영 영상물 등은 바로 이런 사회 구조 아래 자연스럽게 양식된 현상이다.

　　이런 현상을 나름 분석한다며 오히려 '남성성의 위기'를 걱정하는 목소리도 있다. 남자들이 기가 죽어서 그렇다거나, 사냥꾼 본능 때문이라는 등의 이유로 원인과 해법을 엉뚱한 곳에서 찾아 내놓는다. 조금 더 그럴듯하게 말하기 위해 신자유주의 경제 체제에서 여성혐오의 원인을 찾거나, 진화심리학을 동원해 현상을 당위로 탈바꿈하거나, 막연한 인문학 공부를 통해 해법을 찾는 시도도 있다. 이런 식의 접근은 혐오의 알리바이만 제공해준다. 맞은 여자, 죽은 여자의 시각에서 생각하기를 결코 시도하지 않은 채 때리는 남자, 죽이는 남자의 시각에서 세계를 해석한다. 대중 철학자로 이름을 알린 강신주는 한국의 대표적 저항 시인인 김수영의 시 〈죄와 벌〉을 통해 사랑과 미움을 다음과 같이 설명한다.

　　"이날 김수영은 안 거예요. 김현경을 미워하지도 못한다는 것을요. 우산이 아깝다고 생각하잖아요. 죽일 것 같으면 죽여버리면 되죠. 나 없었을 때 외간남자랑 눈이 맞은 여자니까 죽여버리면 되잖아요. 그런데 김수영은 우산으로 때렸을 때도 누가 봤을까봐 그게 두려워요. '타인의 시선'이 들어오죠? 더

아까운 건 뭐예요? 우산, 그 신상 우산을 두고 온 거예요. 부인은 여기 없죠. 그때 김수영은 안 거예요. '아, 제대로 때리지도 못 하는구나.' 살인도 못 해요, 김수영은. 이날 이후로 김현경과의 관계는 딱 그 정도가 되는 거예요. 그래서 구타는 없어져요. 이제 사랑은 의미 없는 것이 되고 아내와 남편으로 사는 거예요."[45]

남편의 아내 폭행과 여성 살해를 낭만화하는 철학자의 해석 속에 역시 '맞은 여자'의 관점은 없다. 철학적 사유든 과학적 논리든 문학적 상상력이든, 이 굴레에서 크게 벗어나지 못하는 형국이다. 이러한 일련의 태도들은 장폴 사르트르가 지적한 '사이비 지식인'의 특징과 정확히 일치한다. "지배 계급의 사주를 받아 자칭 엄격한 논리—말하자면 과학적 연구방법의 산물인 양 제시되는 논리—를 통해 특수주의적 이데올로기를 옹호하려 든다."[46]

사르트르가 지적한 당시 프랑스 사이비 지식인들의 태도와 오늘날 한국의 사이비 지식인들의 유사한 점을 찾을 수 있다. 그들은 식민 지배에 대항하는 피식민자들의 봉기를 두고 이런 식으로 말했다. "우리의 식민지 통치 방식은 사실 도를 지나친 감이 있다. 우리의 해외 영토에 너무 여러 가지 불평등이 존재하고 있기는 하다. 그렇지만 나는 그것이 어느 편의 것이건 폭력에는 반대다. 나는 백정이 되기도, 백정의 희생물이 되기도 둘 다 원치 않는다. 바로 그 때문에 나는 식민지 지배자에 대한 원주민들의 반항에 반대한다"[47] 사이비 지식인들이 저항의 태도를 문제삼는 이유는 실은 태도가 일으키는 혁명성을 누구보다 잘 알기 때문이다. 그래서 태도를 빌미로 '혐오에 혐오로 대응해서는 안 된다'는 말을 반복한다. '똑같은 혐오'는 과연 실재하는가. 국가인권위원회가 2016년 조사해 2017년 2월 발표한 혐오표현의 실상을 보면 여성과 성소수자, 장애인이 압도적으로 피해를 입고 있다.

"온라인 혐오 표현 피해 경험률은 성소수자가 94.6%로 가장 높았고 이어 여성(83.7%), 장애인(79.5%), 이주민(42.1%) 순으로 나타났다. 오프라인 혐오 표현 피해 경험률도 성소수자가 87.5%로 가장 높았다. 장애인(73.5%), 여성(70.2%), 이주민(51.6%)이 그 뒤를 이었다."[48]

이 조사는 혐오 표현과 관련된 첫번째 실태조사다. 이 점에 주목해야 한다. 2016년까지 이러한 실태를 조사하지 않을 정도로 우리 사회에는 '혐오 표현'에 관한 문제의식 자체가 없었다. 여성에게 가해진 수많은 폭력과 조롱과 비하의 언어에 무심하던 사회는 여성의 저항 언어를 통해 '혐오'라는 개념에 관심을 갖는다. 2015년 〈시사인〉에는 "여자를 혐오한 남자들의 '탄생'"이라는 주목할 만한 글이 실렸다. '일베' 게시글 43만 개를 분석해서 여성혐오 지도를 그린 글이다. 꼼꼼한 분석에도 불구하고, 여성이 남성의 경제력에 더 집중하는 태도를 '보편적 인간의 본성'으로 인정한다.

"여성이 남성보다 배우자의 경제력에 민감한 경향은 존재한다. 다만 한국 특유의 현상이 아니라 보편적 인간 본성에 더 가깝다. 남성은 여성의 외모에 더 민감하고, 여성은 남성의 자원에 더 민감하게 반응할 것이라고 진화심리학은 예측한다. 두성의 속성상 번식 전략이 다르게 진화했을 것이기 때문이다."[49]

또한 성비 불균형을 문제의 주요 원인으로 보는 한계도 드러난다. 짝을 찾지 못한 남성들이 여성혐오를 표출한다고 생각하면 오산이다. 성비 불균형은 혐오의 결과이지 원인이 아니다. 여성혐오가 안전하게 유지되던 가부장제를 여성들이 조금씩 흔들면서 혐오가 '보이게' 되었을 뿐, 혐오 자체가 상승했다고 보긴 어렵다. 그럼에도 이렇게 본격적인 조사와 분석이 생산되는 상황은 고무적이었다. '된장녀'와 '김치녀'가 '탄생'한 지 10년도 넘었지만, 이를 심각하게 여기지 않다가 이 '김치녀'들이 거울을 들어 '한남충'을 만들어내자 비로소 사회는 '혐오'를 인식한다.

혐오와 분노는 전혀 다르다. 철학자 마사 누스바움은 혐오와 분노라는 감정을 이렇게 정리한다. "분노는 세상 속에서 가질 수 있는 타당한 '유형'의 감정이다. 다른 사람에게 받는 손상을 심각하게 염려하는 것은 타당하다. 따라서 누군가 분노를 표출한 경우 질문해야 할 것은 [분노를 촉발한] 사실이 정확했으며, [그 속에 담긴] 가치가 균형을 이루었는가이다." 반면 혐오는 "혐오의 사고 내용은 전염이라는 신비적 생각과 순수성, 불멸성, 비동물성—우리가 아는 인간 삶의 선상에 놓여 있지 않은—에 관한 불가능한 열망을 담고 있기 때문에 전형적으로 비합리적이다. (중략) 지배 집단은 자신이 지닌 동물성과 유한성에 관한 두려움과 역겨움을 느끼게 하는 집단이나 사람에게 혐오를 드러냄으로써 이들을 배제하고 주변화해왔던 것이다."[50]

여성의 분노는 혐오로 번역되고 여성혐오는 정당한 분노

로 번역된다. '마누라 때린 날 장모 온다'는 옛말이 있다. 아내에게 휘두른 폭력을 후회하거나 반성하는 마음이 아니라 폭행을 '들켜서 운이 없음'을 안타까워하는 표현이다. 이처럼 여성에 대한 폭력은 사회적 문제가 아니었다. '왕자는 필요없다'라는 문구가 적힌 티셔츠가 강력하게 남성들의 분노를 산다면, 여성학자 정희진의 지적대로 "'날 원해?You want me?', '오늘밤 널 느끼고 싶어I wanna feel you, tonight', 'PLEASE, FUCK ME!'라고 쓴 '평범한' 옷을 입은 여성이 해고되었다는 뉴스는 아직 들어보지 못했다. 여성이 이런 옷을 입었을 때는 아무 문제가 없다."[51]

넥슨 성우 교체 사건은 페미니스트를 잘라내는 작업의 시작에 불과하다. 한 게임 제작자 대표는 여성 단체 계정을 개인적으로 구독하는 일러스트레이터를 따로 면담했다. '고객'은 해당 직원을 해고하기를 요구했다. "사회적 분열과 증오를 야기하는 반사회적인 혐오 논리에 대해서는 적극적인 방지와 대책이 필요"하다며 제작사 대표가 해당 직원과 면담한 내용 일부는 아래와 같다.

> **제작사 대표:** 여성민우회, 페미디아 같은 계정은 왜 팔로우했는가요?
>
> **원화가:** 여성민우회 같은 경우 계정을 정리하면서 제가 팔로잉을 하고 있었다는 것을 알게 되었는데 여성민우회 같은 계정은 후원을 받고 있는 것도 이제서야 알게 되었습니다. 예전에 문제가 되었던 생리대 문제, 성폭력과 관련된 문제를 다룬다고 생각

하여 깊게 생각하지 않고 팔로잉을 한 것 같습니다. 그리고 페미디아같은 경우는 막연히 좋은 방향의 (변질되기 이전의) 페미니즘에 관련된 거라 생각했었고 이 또한 깊게 생각하지 않고 팔로잉을 누른 것 같습니다. 진짜 언제 했는지도 기억도 잘 안 나는 팔로워 계정입니다.

**제작사 대표:** '한남'이란 단어가 들어간 트윗을 리트윗한 이유는 무엇인가요?

**원화가:** 그 당시의 판결이 부당하다고 생각했었기 때문에 리트위트를 하였습니다. '한남'이라는 단어가 들어갔기 때문에 리트위트한 것이 아닙니다.

**제작사 대표:** 과격한 '메갈' 내용이 들어간 글에 '마음에 들어요'를 찍은 이유는 무엇인가요?

**원화가:** 이 글 하나인 줄 알았습니다. 타임라인에서 글이 많은 경우 접혀 있는 경우가 많습니다. 그 밑에 과격한 글들이 포함되어 있는 것은 저도 이제서야 알게 되었고 그때 확인하지 않고 '마음'을 찍었던 것 같습니다.[52]

2012년 북한 매체인 '우리민족끼리' 트위터 계정을 팔로우하거나 리트윗했다는 이유로 20대 시민을 국가보안법을 어겼다고 구속한 사건이 떠오른다. 2년이 훨씬 지나 대법원에서 무죄가 확정되었다. 여성민우회를 왜 팔로우하냐고 직장 상사가 '심문'과 같은 질문을 하는 태도는 어떠한가. 법적 구속이 아닐 뿐, 여성 단체를 팔로우하거나 특정 트윗을 리트윗한다고 직장에서 사상 검증을 받는 부당함은 마찬가지다. 이 사건에 분개하며 2018년 3월 27일 한국여성민우회는 아래와 같은 입장문을 내놓았다. "성차별에 강경히 반대하는 것이 '메갈'이라면 우리는 '메갈'이다. 가부장적 사회를 파괴하는 것이 '반사회적'이라면 우리는 '반사회적'이다." 이처럼 제도가 되는 혐오가 있다면 즉각 규제를 받는 저항이 있다. '메갈리아'를 하나의 이적단체로 지정해놓고 이제 이 단체를 지지하느냐, 아니냐를 따진다. '빨갱이', '종북'을 거쳐 이제 낙인의 대상은 '메갈'이다.


### 3. 메갈, 시대의 빨갱이

"문재인은 공산주의자"라고 발언했던 고영주 방송문화진흥회 이사장의 태도는 비웃음을 샀다. 철 지난 빨갱이 검증을 하려는 발언자의 태도가 우스운 시대가 되었다. 이제는 냉전 시대처럼 빨갱이를 몰아내는 정치의 시대가 아니다. 고영주는 2013년 1월 한 보수 단체 신년하례회에서 문재인을 가리켜 "공산주의자이고, 이 사람이 대통령이 되면 우리나라가 적화되는 것은 시간문제"라고 발언한 적이 있다. 고영주는 기소되었고, 2018년 8월 1심에서 무죄를 선고받았다.

　　이제는 빨갱이나 공산주의자처럼 정치적 이념이 아니라, 정체성에 낙인을 찍는다. 소수자 탄압과 이에 대한 저항은 정치와 종교의 중심으로 이동하고 있다. 세계 각국에서 동성결혼이 합법화되고 여성의 목소리가 들리고 여성의 얼굴이 보이는 등 점점 기존 소수자와 약자의 권리를 인식하는 시대로 향해가고 있기 때문이다. 제19대 대선에서 드러났듯이 이제 색깔론은 유권자에게 피로감을 준다. 대신 페미니스트 선언이나 군대 내 동성애자 색출 사태를 두고 일어난 논란처럼, 소수자 인권을 둘러싼 태도가 정치인을 검증하는 요소 중 하나가 되었다. "동성애를 찬성합니까?" 이는 "김정일 개새끼라고 해봐"가 시대에 따라 바뀌었을 뿐이다. 마찬가지로 여성들에게 "메갈이니?"라고 묻는다. '메갈리아' 사이트는 접속도 안 되는데 '메갈'이라는 적을 만들어 여성의 입을 단속한다. 종북 사냥과 비슷하다. 2014년 통합진보당 해산 판결은 민주주의를 향한 일종의 공격이었다. 처형당하는 '본보기'를 만들어서 좌파가 함부로 까불지 못하게 하듯, 남성 연대는 '메갈'이라는 이름을 대상으로 이러한 처형을 진행하고 있다.

어떤 집단에 대한 낙인은 사회구성원에게 '그 집단에 속하지 않음을 증명'하도록 강제한다. 가장 기본적인 요구를 '극단'으로 낙인찍어 이름 붙이는 태도는 19세기에 마르크스도 이미 지적한 바 있다. "가장 단순한 부르주아적 재정개혁에 대한 요구와 가장 평범한 자유주의, 가장 형식적 공화주의, 가장 협소한 민주주의에 대한 모든 요구는 '사회에 대한 도발'로 단죄당하고 '사회주의'로 낙인찍힌다."[53]

정의당 문화예술위원회의 성명으로 촉발된 정의당 내부의 여성주의 '문제'는 2016년 여름 내내 지속되었다. 정의당 일부 당원은 '오유'의 지지 철회와 탈당을 막기 위해, '친메갈리아 정당'이라는 '오명'을 벗기 위해 노력했다. 2016년 9월에는 일부 당원들이 '당원비상대책회의'라는 이름으로 '남성의 마음'에 호소하고 여성의 목소리를 왜곡하는 현수막을 서울 일부 지역에 걸기 시작했다. "정의당은 성평등주의 정당입니다! 남성을 버리지 말아주세요", "남자 여자 편가르기 그만했으면. 친하게 지내요~!", "오유야 미안해 ㅠㅠ. 우리도 죽겠어 ㅜㅜ", "정의당원은 혐오와 전쟁중! 매라포밍을 막아라!", "혐오를 거둬줘. 나는 네 언니가 아니야.", "정의여, 혐오여? 뭐시 중헌디! 뭐시 중허냐고!", "정의의 이름으로 혐오 널! 용서하지 않겠다.", "지지자 분들 미안합니다. 우리도 죽겠습니다", "정의당은 사람과 사람의 상생을 추구합니다. 무분별한 혐오는 상생이 아닙니다"라는 총 아홉 가지 현수막을 걸었다. 이 현수막의 문구를 통해 혐오에 대한 인식이 어떻게 전달되고 있는지 발견할 수 있다. '혐오'를 억울한 자의 울분으로, '저항'을 재빨리 혐오로 만들어버리는 조직적인 움직임을 가동했다. 이 현수막에서 말하는 혐오 행위는 '메갈리아'로 상징되는 여성의 비판적 목소리다. 이에 관해 정의당은 공식 입장이 아님을 전했다.

　　지금까지 보수 우파가 '안보 장사'로 사회의 지성을 마비시켜왔다면, 이제는 여성주의에 대항하기 위해 자칭 진보도 스스로 지성을 퇴보시킨다. 페미니즘이 축적한 지적 역사를 끊임없이 부정한다. 알기 위해서가 아니라, 모르기 위해 '나를 설득해봐라'라는 태도를 고집한다. 여성학은 학문이며 여성운동은 저항과 투쟁의 역사가 있고 여성주의는 하나의 인식론이다. 그런데도 비판적 지식인, 그중에서도 남성 지식인은 여성주의에 관한 지적 태만을 부끄러워하지 않는다. 젠더 문제를 두고는 '본능'을 옹호하며, 자연법칙을 내세울 때가 많다. 운동과 지성의 흐름을 거부한 채 '남성의 본능'에 갇혀 알기를 거부한다. 자신의 성차별을 인식하지 않기 위해서는 기꺼이 '애 아니면 개' 가 된다. 그래서 본능, 욕망, 날것, 야성, 사냥꾼이라는 개념을 자주 들먹인다. 본능을 옹호하는 이들은 여성의 목소리를 인정 하지 않기 위해 '원시'로 돌아가 무지를 선택한다. 앎보다는 권 력 유지가 더 중요하기 때문이다.

심지어 대학에서 페미니즘 강연을 기획한 학생에게 무기 정학 징계를 내린 사례도 있다. 2018년 한동대에서 벌어진 일 이다. 한동대는 해당 학생이 기독교 대학인 한동대의 설립 목 적을 위배했기 때문에 징계를 했다고 주장했다. 2018년 5월에 는 서강대에서 퀴어 페미니스트인 은하선의 강연을 취소하지 않으면 학생회를 탄핵하겠다는 움직임이 있었다. 결국 강의는 무산되었다. 한동대나 서강대의 사건을 보면 기존의 권력을 유 지하기 위해 대학생이 배우기를 적극적으로 거부하고 있다. 페 미니즘은 정신병이라고 우기는 누리꾼의 목소리가 단지 익명 에 기대어 극단적인 발언을 하는 일부의 문제가 아님을 알 수 있다. 도서관에서 수전 팔루디의 『백래쉬』, 윤김지영의 『지워 지지 않는 페미니즘』, 록산 게이의 『헝거』 등 페미니즘 도서 신 청을 거부한 사례도 있다. 『자본론』을 비롯해 '이적표현물'을 감시하던 눈은 이제 페미니즘 도서를 향하고 있다. 2018년 헝 가리 정부가 대학 내 젠더 연구를 중지시킨 사례에서 알 수 있 듯이 오늘날 격렬히 금지하는 '앎'은 젠더라고 해도 과언이 아 니다.

2016년 5월의 강남역 살인 사건은 두 가지 사건을 보여준 다. 우선 살인 사건이 있었다. 사건 이후 우리 사회가 여성의 목소리를 묵살한 것 역시 명백히 '사건'이다. 여성들은 이 사건을 '여성혐오' 범죄로 '사건화'했다. '이것은 여성혐오 범죄다'라는 목소리는 '잠재적 가해자'가 되어 기분이 나쁘다는 억울함과 대결해야 했다. 여성의 목소리는 여성이 살해된 사건에서조차 소외된다. '사건 이후의 사건'은 바로 차분한 토론에서 등장했다. 강남역 살인 사건을 MBC 〈100분 토론〉에서 다뤘는데, 참여한 패널이 인상적이다. 변호사, 경찰행정학과 교수, 경찰안보학과 교수, 정신건강의학과 교수가 패널로 참석했다. 모두 남성이었다. 강남역 살인 사건의 피해자는 여성이며, 가해 남성은 살인 동기로 "여자들이 나를 무시해서"라는 발언을 했지만, 단 한 명의 여성도 이 자리에 없었다. 사건을 토론하기 위해 모인 이들의 성별이 모두 남성이라는 사실은 우리 사회가 여성의 의견을 얼마나 무시하고 묵살하려고 조직적으로 애쓰는지 알게 해준다. 남자라는 이유만으로 여성이 겪는 문제에 대해 덜 생각해도 더 말할 기회가 주어진다.

그뿐만이 아니다. '군무벅스'* 논란처럼 여성혐오를 위한 거짓 정보와 조작이 넘실댄다. 남초 커뮤니티에서는 이미 오래전에 신장 팔아 여자친구에게 명품가방을 사줬다는 괴담을 유포해 여성에게 착취당하는 남성의 이미지를 만들었다. 요즘은 식당에서 아이 엄마가 '○○을 달라고 요구했다'는 식의 목격

---

* 군무벅스는 '군인'과 '스타벅스'를 합친 말이다. 2016년 6월 일부 언론에서 여성들이 트위터를 통해 '#군무벅스 불매운동' 해시태그를 달아 스타벅스 불매운동을 벌인다고 보도했다. 군인 무료 커피 증정 행사를 두고 여성들이 성차별이라고 주장하기 때문이라고 했다. 그러나 실제로 이러한 불매운동이 발생하지 않았다는 사실이 알려지면서 언론이 거짓으로 '남성혐오' 사례를 조작한다는 비판이 있었다.

담, 혹은 목격담으로 전해들었다는 '카더라' 식의 이야기들이 퍼져나가며 '맘충'을 창조하고 있다. 조작의 방식은 점점 진화해 '이퀄리즘'이라는 가짜 정보를 통해 한국 페미니즘이 문제라는 그림을 그려나간다. 심지어 역사학자 전우용은 자신의 트위터 계정에서 인천 초등학생 유괴 살인 사건이 마치 '패륜적 언어'의 '해방'으로 인해 여성들이 패륜을 저지른 것인 양 선동을 펼치기도 했다. 소셜미디어와 온라인 커뮤니티는 혐오 공유의 장이면서 동시에 공론장이 되었다. 여기에 주기적으로 튀어나오는 '여성 단체 뭐하냐'와 일부 남성 지식인들의 '페미니즘은 중산층 엘리트 여성의 전유물'이라는 발언은 '여성을 외면하는 여성주의와 여성운동'이라는 오해를 확산시켜 여성의 연대를 꾸준히 방해한다. 반공 이데올로기가 간첩 조작을 허하는 사회를 만들듯이 남성 연대를 공고히하기 위해 여성과 성소수자 등에 관한 거짓 정보를 유통시킨다. 2018년에 오세라비라는 이름으로 자칭 '여성운동의 원로'라는 한 여성이 등장했다. 그는 책 『그 페미니즘은 틀렸다』를 통해 페미니즘에 대한 '불만'을 문자화해 안티페미니스트의 박수를 받는다. '페미니즘이 아니라 휴머니즘'이라는 언설은 이 안티페미니스트들에게 '진정한' 운동으로 취급받는다.

남자들을 무시한다는 여성의 현실은 어떠한가. IMF 외환위기 이후로 인턴과 비정규직 증가는 여성 노동력을 더욱 값싸게 만들어 빈곤의 여성화를 만들었다. 한국 남성의 하루 가사노동 시간은 45분으로 OECD 국가 중 최하위이다. 2016년 국회의원 선거에 당선된 의원 중 여성 비율은 17퍼센트에 불과하다. 2015년 강력범죄(흉악) 피해자의 88.9퍼센트는 여성이었으며 여성의 50.9퍼센트는 사회 안전 수준에 관해 불안함을 느낀다고 답했다. 경찰청 통계에 따르면 데이트 폭력으로 2016년에만 8,367명이 입건되었다. 〈2017년 통계로 보는 여성의 삶〉을 참고하면, 여성의 대학 진학률은 남학생보다 7.2퍼센트포인트 높지만 여성의 임금은 남성 임금의 월평균 64.1퍼센트에 불과하다. 이러한 현실을 외면한 채 오늘날 한국 남성은 여성들의 기에 눌려 피해자가 되었다는 '피해의식' 과잉 상태에 빠졌다. 결혼에 관한 여성의 의식은 확연히 변화하고 있다. 2016년 혼인 건수는 전년보다 7.2퍼센트 감소했고, 20년 이상을 함께한 부부의 이혼 비중은 30퍼센트를 넘어섰다. '결혼을 해야 한다'와 '이혼해서는 안 된다'고 생각하는 13세 이상 여성의 비율은 점점 감소하는 추세다. 변화하는 여성의 의식만큼 남성들은 '여성 상위 시대'라는 착각을 키운다. 1930년대에도 '신여성' 때문에 '여존남비' 세상이 온다며 당시 남성들은 한탄했다. 드러나지 않던 문제를 보이게 만드는 목소리들 덕분에 사회는 혐오와 차별을 인식하고 있는 중이다. 그 과정에서 기존에 특권을 누리던 이들은 무시당한다는 착각에 빠지고 만다.

이러한 배경 속에서 '메갈리아'가 왜 만들어졌고, 어떤 역할을 하고 있는지에 대한 논의는 증발한 채 '메갈리아를 옹호하는가'라는 검증만 난무했다. 메갈리아라는 이름은 그렇게 새로운 형태의 '종북 빨갱이'가 된다. '메갈리아'라는 가상의 적은 '한국 남자'를 피해자로 만들고, '한국 남자'들의 일상화된 혐오가 마치 '메갈리아' 때문에 새롭게 탄생한 양, 그들의 혐오를 이해하는 도구로 활용되었다. '이해'는 언제나 약자의 몫으로 남는다. 성소수자는 이성애 사회를 이해해야 하며, 여성은 가부장제를 이해해야 하며, 장애인은 비장애인을 이해해야 한다. 반면 이해받는 이들은 조심할 필요 없는 권력을 휘두른다.

영향력 있는 웹툰 플랫폼을 제공하는 '네이버'에는 여성혐오를 정당화하는 〈뷰티풀 군바리〉라는 웹툰이 있다. 이 웹툰에 대해서 수많은 비판과 중단을 요구하는 청원이 있었지만 실제로 연재가 중단될 위기에 처하진 않았다. 연재 중단을 찬성한다는 뜻이 아니다. 차별은 아무 문제 없이 진행이 되고, 차별에 대항하는 태도는 즉각적으로 제거되는 불균형적 정의를 생각해보자는 뜻이다. 기존의 문화화된 차별에는 그 의도와 동기를 강조하는 반면, 약자와 소수자의 새로운 대항 언어와 행동에 대해서는 그 의도와 동기를 삭제한다. 그것이 서사의 권력이다.


## 4. 문명 혹은 도덕의 이름으로 억압하기

응구기 와 시옹오의 소설 『피의 꽃잎들』에는 '문명'의 언어로 저항을 지배하는 방식이 잘 표현되어 있다. 문제의 틀을 어떻게 만드는가. 휴머니즘이나 비폭력, 생명 존중 등 근본적으로 옳은 말을 이용해 어떻게 권력이 사건을 지배하는가 등을 보여준다.

『피의 꽃잎들』은 케냐에서 영국을 비롯한 백인 식민주의자들과 케냐인들 사이에서 벌어지는 사회적 문제를 미스터리 구조로 풀어간다. 여러 주요 인물들이 각자 제 이야기를 풀어내는 과정에서 한 백인이 자기 개를 보호한다는 명분으로 케냐인을 총으로 쏴 죽인 사건이 나온다. 그 케냐인이 백인이 키우는 개에게 돌을 던졌기 때문이다. 처음 그 백인은 살인죄로 사형을 선고받았으나 또다른 식민주의자는 이 살인 행위에 총독이 관용을 베풀 것을 요구한다. 살인은 약한 개를 보호하기 위한 행동이었음을 강조하면서 개에게 돌을 던진 케냐인의 행동을 야만적 폭력으로 만든다. 개에게 돌을 던진 행위는 폭력이 맞다. 그러나 케냐인의 폭력을 강조하며 자신이 저지른 살인을 어디까지나 이 야만적 폭력에 대응하기 위한 저항 폭력으로 둔갑시킨다. 그 과정에서 셰익스피어를 인용하고, 동물을 보호하는 것이 문명의 척도라고 주장한다. 케냐인은 동물을 보호할 줄 모르는 열등한 인간이기에 문명인인 백인들이 마땅히 통치를 맡아도 되는 상황이 된다. 그렇게 식민주의는 정당성을 얻는다. 처음에는 흑인을 총으로 쏴 죽인 백인에게 분노하던 사람들이 점점 이 주장에 동의하고 감동까지 한다. 나아가 개에게 돌을 던졌다는 사실에 스스로 부끄러움을 느낀다. 함정은 여기에 있다. 그 백인의 인종주의에 기반한 살인 행위를 오히려 생명에 대한 관용으로 바꿔치기했다. 자신의 개를 보호하는 행위였다고 강조하면서 이 사건을 생명 존중 혹은 동물권이라는 논의로 지점을 옮겨버린다. 동물을 사랑하지 못하는 열등한 너희 아프리카인들에 대항해 문명인인 나는 생명을 존중하기 위해 저항한 것이라고 거룩하게 읊어댄다. 흑인들은 동물을 사랑하지 않는 미개한 인간이 되어 고개를 숙인다.

문명과 미개의 구도를 만들면 이 '미개'의 구도에 잡힌 이들은 곧장 무력화된다. 예를 들어 2015년 1월 파리에서 일어난 〈샤를리 에브도Charlie Hebdo〉 테러에서도 이 구도는 매우 유용했다. 무슬림 테러리스트들이 풍자 주간지인 〈샤를리 에브도〉 본사에서 총기 난사로 열두 명을 숨지게 했다. 성역 없는 풍자로 유명한 〈샤를리 에브도〉는 이슬람의 선지자 무함마드를 조롱하는 만화도 서슴지 않았다. 테러리스트들은 무슬림이지만 프랑스에서 태어난 프랑스 국적의 프랑스인이었다. 프랑스 내 이민자 차별과 서구의 이슬람 문화 탄압 등 많은 화두를 가져올 수 있는 사건이었다. 그러나 복잡한 차별의 입방체는 '표현의 자유'라는 명쾌한 의제 앞에서 흐물흐물 녹아내렸다. 사건 이후, 파리의 공화국 광장에서 당시 프랑스 대통령 프랑수아 올랑드를 중심으로 40개국 정상들이 시민들과 함께 이 테러를 규탄하는 시위에 참여했다. 프랑스 국가인 〈라 마르세예즈〉를 부르며 "우리는 두렵지 않다", "프랑스 만세"를 외쳤다. 표현의 자유를 수호한다는 의미로 수많은 시민들이 펜을 흔들었다. 공화국의 표현의 자유를 위협하는 야만적인 무슬림 테러리스트에 굴하지 않겠다는 결연한 의지를 보임으로써 이 사건은 문명과 야만의 구도로 흘러갔다. 안토니오 네그리와 마이클 하트의 말대로 "순수하고 문명화된 유럽인과 부패하고 야만스런 '타자' 간의 차별이 확립된다면" 이 세계가 지향해야 할 방향은 아주 선명해진다. 문명과 야만의 대립이라는 이분법은 현상을 아주 간단하게 만든다. 아무도 야만을 선호하지 않기 때문이다. '유럽적인' 가치를 자유, 다원주의, 민주주의로 만들 때 비유럽 혹은 비서구는 모두 이 개념의 주체가 되기 어렵다.

이처럼 구도를 먼저 만드는 권력. 그 구도 속에서 특정 집단 혹은 사람은 정해진 '피해자'의 자리에 있어야 한다. 케냐의 흑인들은 지배 세력인 유럽 백인과의 관계에서 피해자의 위치에 있을 때 가장 도덕성을 인정받는다. 무슬림은 약자인 이민자의 위치에서 발언하고 모일 때는 안전하지만 그 틀을 벗어나면 순식간에 미개한 타자가 된다. 피해자 혹은 약자의 역할을 수행할 때만 사회에서 도덕성을 인정받을 수 있는 '피해자화'는 결국 약자들이 그 틀에서 벗어나지 못하게 만든다. 동일 범죄에 대해 여성에게 더 사회적으로, 사법적으로 가혹한 벌을 주어 여성의 범죄를 더욱 부각시킨다. 이렇게 노골적으로 편파적인 언론과 공권력을 보면서도 '괴물과 싸우다 괴물이 되어서는 안 된다'는 '도덕적'인 태도는 때로 약자를 침묵시키거나 패배주의를 도덕적으로 포장하는 작용을 한다. 피해자화에 대해서도 저항이 필요하다. 이에 대해 아래 글이 잘 지적하고 있다.

"이런 피해자화에 대한 저항을 생각할 때 떠오르는 것은 1959년에 일본 규슈 북부의 탄광지대에서 창간된 〈무명통신無名通信〉이라는 간행물이다. 당시 그 지역에서 활동하던 시인 모리사키 가즈에森崎和江 중심으로 발간된 이 잡지의 성격은 창간사 "도덕 귀신을 퇴치하자"에 잘 드러나 있다. 이 글은 다음과 같이 시작된다. "우리는 여자에게 덮어씌워진 이름을 반납하겠습니다. 무명으로 돌아가고 싶은 것입니다." 이 글에서 먼저 비판 대상이 되는 것은 가부장제지만, 그 가부장제 속에서 형성된 '피해자의 자유', 즉 아무도 해치지 않았다는 데서 오는 도덕적 안락함을 여성들이 버리지 않는 것이 가부장제가 재생산되는 원인이라고 날카롭게 지적한다. 그런 성찰 뒤에 이 글은 다음과 같이 말한다. "이렇게 보면, 과거 가부장제를 만든 권력을 뒤엎기 위해서 피해자로서 모이는 것만으로는 여자들의 근본적인 해방은 이룩할 수 없는 셈입니다. 자신을 가두는 껍데기를 우리 손으로 깨는 것. 그것은 피해자가 권력에 대한 가해자가 되는 순간입니다.""[54]

바로 피해자의 자리에 머물러야 할 사람들이 '권력에 대한 가해자'가 되려 할 때 역공이 일어난다. 그리고 구체적인 존재를 지우기 위해 휴머니즘을 외친다.


## 5. 여성이 무엇이든 할 수 있다고?

성우를 교체한 사건은 하나의 '문화적 판례'를 만들어주었다. 이 사건 이후 비슷한 사례가 반복적으로 생겨났다. '여성은 무엇이든 할 수 있다Girls can do anything.' 여성 아이돌 그룹 에이핑크의 손나은이 핸드폰 케이스에 이 문구를 부착했다는 이유로 남성 팬들의 공격을 받았다. 이는 단지 젊은 여성 아이돌 가수에게만 해당되는 공격이 아니다. 이런 식의 '메갈 솎아내기'는 정치권으로까지 뻗어갔다. 2018년 지방선거에 출마할 여성 후보를 공천하려 하자 '메갈 후보'라는 낙인을 찍어 여성 후보를 공격했다. 사회적으로 광범위한 '메갈 여성' 감별 움직임이 존재한다. '메갈 논란' 혹은 아예 '페미 논란'이라는 표현에서 알수 있듯이 페미니스트는 사회에서 논란의 존재다. 페미니스트 스스로 자기검열을 하도록 이끈다. 선언이 무의미하다고 말할 수 없는 이유가 여기에 있다. 선언'만' 해도 남성들의 집중 공격을 받는다.

2017년 12월 SBS의 한 방송작가는 여성 온라인 커뮤니티인 '여성시대'에 가입했다는 이유로 담당 프로그램에서 하차해야 했다. 여성의 목소리를 들은 경험이 없고, 여성의 목소리와 연대를 삭제하는 역사가 쌓이면 이런 사태는 반복될 수밖에 없다. 여성 아이돌 가수들은 문장 하나, 책 한 권만 언급해도 거센 비난을 받는다. 대단히 급진적이지도 않은, 그저 『82년생 김지영』을 읽었다거나 '여자는 무엇이든 할 수 있다'라고 쓰인 스티커를 핸드폰에 붙이고만 있어도 욕을 먹는다. 레드벨벳의 아이린이 『82년생 김지영』을 읽었다는 이유로 '페미니스트 논란'이 벌어졌고 해당 가수는 무수한 악플에 시달렸다.

1996년, 외환위기 직전 불황기에 『아버지』라는 소설이 엄청나게 화제가 되었다. 밀리언셀러였다. 우리는 가장이며 아버지로 호명되는 한 남자의 생의 마지막을 다룬 소설을 읽는 사람을 '가부장주의자'라고 하지는 않는다. 오히려 그 아버지라는 인물에 연민을 느끼는 사회 분위기가 형성되었다. '가부장제는 돈이 된다'라는 말은 없다. 또한 2010년 즈음 불황기에는 신경숙의 『엄마를 부탁해』가 화제였다. 200만 부가 넘게 팔렸다. 이 책은 10개월 만에 판매 부수가 100만 부를 넘었다. 글도 모르는 엄마의 실종, 고생하던 엄마의 삶이나 피에타로 마무리되는 그 소설을 읽는다고 '모든 여자의 삶이 이렇지 않다'라고 하진 않는다. 여성이 제 삶을 희생하는 모습은 사회적으로 반감을 일으키지 않는다. 그러나 피해자이자 희생자로 머물지 않고 그 구조에 질문을 던지기 시작하면 그때부터 상황은 달라진다.

『82년생 김지영』의 문학적 성취와는 관계없이, 이 소설을 둘러싼 소설 외적인 현상에 주목할 필요가 있다. 이 소설은 판매 부수로 보면 2018년 11월 기준 100만 부가 팔렸다. 출간된 지 2년여 만이다. 앞서 언급한 소설들에 비하면 훨씬 덜 폭발적이다. 그런데도 이 소설에 '역공'이 일어난다. 매체의 변화로 20년 전에 비해 출판 시장의 규모 자체가 축소되었다. 그러니 판매 부수의 차이에 의미를 덜 둔다고 해도, 왜 아버지나 어머니를 다룬 서사보다 『82년생 김지영』에 반발하는 분위기가 일어나는지 생각해볼 필요가 있다.

이는 여성의 '자연스러운' 인생에 질문을 던지는 서사를 억압하는 것이다. 주로 '꼴페미'라는 언어만 유통되던 시절은 그나마 공격이 단순했다. '보슬아치', '페미나치'에 이어 지금은 '메갈충', '메퇘지'처럼 무지개보다 더 화려하고 다양한 언어들이 등장했다. 페미니즘을 공격하는 언어로 언젠가부터 '돈이 된다'가 등장했다. 처음에는 페미니즘의 힘을 보여주자는 뜻에서 '메갈리아'와 SNS 페미니스트 사이에서 '페미니즘은 돈이 된다'는 말을 만들었다. 이 '돈이 된다'는 표현은 논쟁적이다. 돈벌이가 되니까 운동이나 실천이 의미가 있다는 뜻으로 곡해될 위험이 있다. 또한 '페미 굿즈'처럼 페미니즘 관련 상품이 늘어났다. 이때 이 상품을 구매함으로써 '페미니스트 되기'를 실천하는 흐름도 충분히 비판이 가능하다. '상품 페미니즘'은 주로 광고를 통해 소비 행위가 곧 페미니스트로 직결되도록 이끄는 현상을 말한다. 과거에 여성 잡지가 활용하던 방식이기도

하다. 세련된 것으로 보이는 소비를 통해 페미니스트 되기를 선택하기 쉬울 수 있다.

이처럼 '선언하고 구매하기'가 곧 운동으로 여겨질 때 구매는 곧 실천이 된다. 이 구매를 통해 보여주는 메시지는 구매자의 경제적 위치와 무관하지 않다는 점을 간과할 수 없다. 저항의 시장화다. 여성을 소비자로 자리매김시킨 자본주의에서 결국 페미니즘도 소비자의 위치에서 발화해야 하는지 질문을 품게 된다. 상품 구입을 통해 페미니스트 되기를 '보여줄 때' 페미니즘은 기표로만 작용한다. 페미니즘이 소비자본주의의 틀에 맞춰진다는 의구심이 따를 법하다. 원론적으로는 선언만으로 페미니스트가 되지도 않으며, 상품을 구매한다고 페미니스트가 되지도 않는다. 그러나 선언하고 구매만 해도 욕을 먹고, 직장에서 해고당할 위험에 처하고, 심지어 살해 협박까지 받는 사회에서는 단지 '선언'이나 단지 '구매'하기 위해서도 상당한 용기가 필요하다. 지하철에서 페미니즘 관련 책을 읽을 때도 주변의 눈치가 보인다는 여성들이 많다. 이러한 환경에서 그 선언은 단지 선언이 아닌 그 이상의 의미로 작동할 수밖에 없다.

또한 '소비'를 복합적으로 생각할 필요가 있다. 침묵을 강요하는 사회에서 어쩌면 소비는 상대적으로 안전한 발화 방식이다. 소비가 타인에게 전달하는 메시지 역할을 한다. 기업의 마케팅은 오히려 여성혐오를 부추긴다. 여성을 소비자로 내몰지만 소비자라서 조롱받는 상황이 된다. 그러나 목소리가 소비와 함께 전해질 때 소비할 수 없는 사람의 목소리는 어떻게 되는가. 여전히 남아 있는 문제다.

'페미니즘은 돈이 된다'는 말의 처음 의도에 대해 쉽게 옳고 그름을 판단하기 어려운 이유는 바로 이 '돈이 된다'는 말이 곧장 페미니즘을 공격하는 용도로 변질하였기 때문이다. 페미니즘 관련 글마다 '페미니즘은 돈이 된다'라는 댓글이 달리기 시작했다. 관련 책이 나왔다는 소식에도 역시 '페미니즘은 돈이 된다'는 댓글이 달리고 SNS에도 앵무새처럼 같은 반응이 이어졌다. 여성들이 돈을 벌기 위해 페미니즘 발언을 하고 있으며, 실제로 페미니스트가 되면 돈을 번다는 뜻이다.

페미니스트가 실제로 돈을 벌 수도 있다. 하지만 그보다 빈번하게 일어나는 일은 오히려 일자리를 잃거나 말도 안 되는 공격에 시달리는 경우다. 게다가 진짜 돈을 버는지 그 여부를 떠나 흥미로운 지점은 돈을 번다는 점을 공격의 요소로 삼는 태도다. 돈을 버는 게 왜 문제일까. 돈과 연결되면 순수함과는 거리가 멀어진다는 통념이 있다. 이런 태도에서 여성혐오자들이 여성의 경제권 박탈에 얼마나 많은 관심을 가지고 있는지 알 수 있다. 바꿔 말하면, 여성이 경제력을 갖는 현상을 두려워한다는 뜻이다. 그동안 여성 착취로 돈을 벌 수 있었던 구조의 붕괴를 두려워하는 속마음을 무의식중에 드러낸다.

여성 억압의 중요한 핵심 중 하나는 경제 문제다. '남자는 능력이지'라는 말은 달리 말하면 소유의 주체는 남성이어야 한다는 뜻이다. 남성이 소유의 주체라면 여성은 소유의 대상이다. '창녀'라 불리는 성판매 여성에 대한 유구한 혐오는 단지 도덕의 잣대 때문만은 아니다. 그들이 성으로 '돈을 번다'는 점에서 혐오는 상승한다. 그들이 쥐는 돈에 쉽게 버는 더러운 돈이라는 낙인을 찍는다. 그들이 직접적으로 남성의 돈을 받는다는 점에서 성매수자들은 양가적 감정을 지닌다. 성매매 산업은 지속되어야 하지만 성판매 여성이 힘을 가지는 건 원치 않기 때문에 성판매 여성에 대한 혐오를 통해 그 여성들의 사회적 명예를 실추시킨다. 성산업은 성적 지배를 받아들일 때만 여성이 돈을 벌 수 있는 구조의 극단적 상징이다.

여성혐오자들은 성폭력 앞에서도 그저 돈 타령이다. 폭행 사건이나 교통사고에 배상금이 따른다고 해서 여기에 '꽃뱀'이라는 말이 나오지는 않는다. 그러나 성폭행 피해자의 경우, 피해자의 순수성을 증명하기 위해 절대 돈을 요구하지 말아야 한다. 지금도 여전히 직장 내 성폭력 피해자들이 일을 그만두지 않으면 '진정성'을 의심받는다. '왜 그만두지 않았어?' '너도 좋아한 거 아냐?' 그렇게 피해자를 '꽃뱀'으로 만든다. 반면 성폭행 가해자가 성폭행 혐의나 판결로 경제활동에 타격을 받는 것에는 안타까움이 흘러넘친다.

정작 걱정해야 할 일은 '혐오가 돈이 된다'는 걸 보여주는 여러 종류의 혐오 비즈니스다. 조회수와 광고 수익이 중요한 인터넷 영상 매체의 1인 방송은 경쟁적으로 혐오를 생산한다. 심지어 범죄로도 돈을 번다. 디지털 성폭력 콘텐츠로 돈을 벌고 있는 이들이 누구인가. 넥슨 사태를 비롯해서 웹하드 카르텔의 구조를 보면 오히려 '여성혐오가 돈이 된다'는 걸 알 수 있다.

여성들은 페미니스트가 되기 위해 오히려 돈을 쓴다. 출판사가 페미니즘 책을 출판해서 돈을 번다면, 다시 말해 페미니즘 책을 구매하는 사람들이 늘었다는 뜻이다. 이 구매자는 대부분 누구일까. 알기 위해 돈을 쓰고, 이 주제에 관심을 가진 사람이 누구일까. 소비의 주체로만 여성을 한정하는 사회에서 '돈이 된다'는 말은 구매력의 과시로 축소되기 쉽다. 그러나 알기 위해, 피해자가 아니라 제 일상을 꾸리며 삶을 유지하기 위해, 타인의 고통을 외면하지 않고 연대를 보여주기 위해 기꺼이 지갑을 여는 여성들이 늘어나고 있다.

## 6. '부르기'를 통해 언어를 교란시키다

1997년 출판되었을 때 논란을 일으킨 『선택』의 후기에서 이문열은 이렇게 말했다. "오랫동안 이 세상이 남성을 위주로 편성되어 있었다는 것만으로도 반페미니즘의 논리는 시대착오적인 구호로 몰려 마땅하다. 페미니즘을 비판할 수 있는 것은 다만 그것이 지나쳤을 때뿐이다."[55] 여성의 학식이든 페미니즘이든 그것이 '과하다'는 판단의 밑바닥에는 여성의 표현 자체를 불편해하는 마음이 담겨 있다. 권력이 어느 한쪽에 지나치게 몰려 있는 현실은 자연현상처럼 자연스러운 일이고, 이 권력에 대한 저항은 툭하면 '지나치다'는 소리를 듣는다. 이를 온갖 미사여구와 스스로 논리라고 착각하는 논리를 기계처럼 끌고 들어와 사고의 자판기를 굴린다. 그 틀에서 계속 사유하는 한 메뉴 안에 있는 품목 외에 다른 생각을 할 수 없을 것이다. 사회에서 약자에 해당하는 이들이 가장 일상적으로 (스스로) 억눌러야 하는 것이 '말'이다.

연일 메르스에 대한 소식이 속보와 뉴스의 첫머리에 등장하던 2015년 6월이었다. 한 토크쇼에서 남성 진행자가 여성 진행자에게 "메르스의 뜻을 아십니까?"라고 물었다. 그러자 여성 진행자가 답했다. "그럼요. 저는 아나운서니까 '중동호흡기증후군'이라고 교육을 받고……." 이 여성의 말에 바로 꼬리를 물고 남성 진행자는 "똑똑한 척하시는군요"라고 한다. 온 국민이 메르스에 대한 소식을 보고 있는데 메르스의 뜻을 아냐고 묻는 태도도 어이가 없지만, 여성 진행자가 정확하게 답을 하니까 똑똑한 척을 한다고 공개적인 자리에서 말한다. 이런 모습은 아주 일상적으로 벌어지기 때문에 시청자들도 뭐가 문제인지 잘 인식하지 못하기 마련이다.

말을 하기 위해 굉장히 망설이고 준비를 하며 공격에 대비해야 하는 사람이 있는가 하면 이런 어려움을 거의 못 느끼고 사는 사람도 있다. '위키피디아' 편집자의 90퍼센트가 남성이고 이 남성들을 다시 나눠보면 잘사는 나라의 백인이 대다수다. 정보는 극단적으로 편집되고 있다. 한국 사회만 놓고 보자면 상대적으로 여성들은 남성에 비해 의견은커녕 말 자체를 하기 어렵다. 여자가 남자보다 말이 많다는 생각은 여자의 말을 듣기 싫어하는 의식이 발명한 관념이지 사실과는 동떨어져 있다. 말이란, 할 수 있는 위치에 있는 사람들이 많이 하는 법이다.

가야트리 스피박이 "하위주체는 말할 수 없다"라고 한 것은 정말 말을 할 수 없다는 뜻이 아니라, 말할 수 없게 만드는 권력 구조를 향한 문제 제기였다. 저항의 서사를 남성의 목소리로 선점하는 이중 억압 속에서 여성 하위주체는 더욱 말하기가 어렵다. 서사의 권한이 없다는 것은 제 삶에 대해, 제 생각에 대해 독자적으로 말할 수 없다는 뜻이다. 남성 사회는 여성의 생각이나 의견, 삶에 대해 알려고 하지는 않지만 여성을 정의하려는 의지는 강하다. 여성은 늘 남성과의 관계 속에서만 정의'되는' 존재다.

'메갈리아'는 언어를 탈취해 여성을 침묵케 하는 구조에 대항했다. 통념적으로 여성에게 요구되는 태도는 얌전한 수신자이지 적극적인 발신자가 아니다. 미러링이라는 언어의 반사는 남성의 언어를 수신하지 않는 전략이다. 거울은 실체를 비추어서 반영해 보이는 기능이 있다. 미러링은 여성혐오적인 말이나 행동을 거울에 비추듯 반대로 보여주어 상대가 그 문제를 볼 수 있게 만든다는 전략이다. 이는 2015년 '메갈리아'에서 적극적으로 수행한 전략으로 일반에게 알려졌다. 여성 비하 단어에 대항하기 위해 남성을 비하하는 단어를 만들거나, 기존에 남성 성기를 이용해 표현하던 언어를 여성 언어로 바꾸는 등 언어를 통한 급진적인 행동을 지향했다. '메갈리아'의 언어는 '했노' 등의 어미를 사용하고 사용자들 간에 반말을 이용하는 등 '일베'의 언어를 형식적으로 가져와 사용했다.

'메갈리아'는 이처럼 발신자의 위치에서 지속적으로 사회에 익숙하지 않은 언어를 만들어 기존 언어를 교란했다. 그동안 여성들은 꾸준히 '나는 김치녀가 아니다', '나는 된장녀가 아니다'라고 대응해야 했다. '메갈리아'는 이런 방식에서 벗어나 남성을 '한남충'으로 부르는 전략을 세웠다. '한남충'이라는 여성의 부름에 한국 남성들은 돌아보았다. '한남충'이라는 호명은 바로 '한국 남성'을 소환하고, 그 남성을 불편하게 불러 세우는 작용을 한다. 자신을 돌아보게 만든 이 상황이 바로 한국 남성들을 당혹스럽게 만든다. 이에 관한 응답의 형태는 여성과는 다르게 나타났다. 여성이 '김치녀'나 '된장녀'로 불리지 않기 위해 자신을 검열하며 '개념녀'가 되려 한 반면, 남성은 '한남충'이 되지 않으려고 애쓰지 않는다. 대신 여성이 남성을 명명하는 상황, 그 형식 자체가 남성에게는 문제로 다가온다. 어디 감히 여성이 남성을 호명하는가. 남성을 부르는 '녀'는 '메갈'이 된다.

주디스 버틀러가 루이 알튀세르의 '호명interpellation'에서 주목한 부분은 이 부름에 응답하는 주체는 죄를 지은 사람처럼 복종할 준비를 하고 돌아선다는 점이다. 그렇기에 여성이 남성을 목적어로 삼아 '부른다'는 행위가 남성들을 격분시키고 '한남충'까지 갈 것도 없이 '한남'이라고만 불러도 분위기는 흉흉해진다. 여성이 감히 남성을 명명하기 때문이다. 여성의 봉인된 입에서 터져나오는 그 '부름'이 그동안 말하는 입의 권력을 독차지하던 입장에서는 당혹스러울 수밖에 없다. '한남'이라는 명명이 흥미로운 점은 '한국'이라는 국적이 붙어 있다는 점이다. 제도 안에 있는 '내부자'임을 정확히 담은 말이다.

그러니 '한남충'이냐 '한남'이냐는 크게 상관이 없다. 중요한 것은 '부름'이다. 그래서 가수 이랑이 2017년 한국대중음악상을 수상한 후 "돈 되는 일=한남으로 태어나기임"이라고 트위터에 남겼을 때 이를 두고 '남혐'이라고 비난하는 반응이 나왔다. 남성의 이러한 반응은 비로소 여성의 언어가 그들에게 '도착'했음을 보여주는 증표다. 임신을 중단한 여성을 비하하는 '낙태충'에는 '싸고 튀었다'라는 의미로 '싸튀충'이라는 말로 대항하거나 성형한 여성을 조롱하는 '성괴'라는 언어에는 '성매매괴물'이라는 말로 대응하는 식이다. 이러한 방식은 혐오의 언어를 해체한다.

2010년에 나온 엘레오노르 푸리아Eléonore Pourriat의 단편영화 〈억압받는 다수Majorité Opprimée〉는 일종의 미러링을 통해 성역할을 교란한 작품이다. 10분 정도의 짤막한 이야기 속에 일상의 젠더 문법을 반대로 뒤집어놓는다. 영화는 길에서 다양한 여성들의 모습을 스케치하며 시작한다. 앉아 있는 여성들은 지나가는 남성을 쳐다본다. 이제 주인공인 한 남성이 유모차를 끌고 등장한다. 그는 가슴을 노출한 채 조깅을 하는 젊은 여성과 마주친다. 아이를 돌보는 사람은 히잡을 두른 또다른 남성이다. 남자는 길에서 모르는 여성의 추근댐과 욕설에 시달린다. 골목에는 주저앉아 소변을 보는 여성이 있다. 이 남성은 골목에서 여성들에게 집단 성추행을 당한다. 경찰은 오히려 남성의 행동을 지적한다. 경찰서의 여성 경찰은 남성 경찰에게 커피를 타달라고 한다. 남성이 자신이 입은 짧은 반바지를 손으로 끌어내리는 장면도 있다. 아내도 결국 남자의 행동을 탓한다. 여기서 일어나는 일들은 단지 성별만 바뀌었을 뿐인데 모든 상황은 웃기고 어색해진다.

김혜수와 김고은 주연의 〈차이나타운〉(2015)에서도 이러한 지점을 발견할 수 있다. 물론 이 영화는 기존의 영화 문법 아래 여성과 남성의 역할을 단지 뒤집었을 뿐, 〈억압받는 다수〉

처럼 어떤 비판 의식이나 메시지는 없다. 그러나 이 영화를 보며 관객은 경험한다. 수많은 남성 누아르에서 사용하던 익숙한 소재가 단지 여성물로 바뀌었을 뿐인데 모든 상황이 어색하게 다가온다. 의도하지 않았겠지만 이 어색함은 스크린 속의 자연스러운 성적 수행에 관한 미러링으로 작용하고 만다.

이처럼 미러링은 우리에게 낯섦을 제공한다. 일반적으로 남성을 불편하게 만드는 말과 행동을 향한 자기검열이 여성에게 알게 모르게 내재되어 있다. 이를 뒤집는 언어를 통해 억압받는 목소리는 해방을 경험하고 언어의 가능성을 확장한다. 이 언어를 여성들이 즐기는 모습이 기존 문화 속에서는 경악스러울 수밖에 없다. 미러링이라는 형식과 맥락은 이해하지 못하며 이해할 의지도 없지만, 그 언어가 귀에 들어오고 불쾌감을 직접적으로 전달하기 때문에 이에 반응하기는 쉽다. 그래서 그들의 말투, 태도를 물고 늘어진다.

여성은 그동안 남성의 언어 속에서 유머의 소재였다. 그러나 이제 언어 '놀이'를 통해 적극적으로 웃음의 생산자 역할을 하며, 자신을 조심케 하는 권력에 대항할 수 있는 힘을 얻는다. 유머의 소재가 직접 유머의 주체가 되어 남성들을 소재화했다. 주디스 버틀러는 혐오 발언에 대한 저항 발언counter-speech, 곧 '되받아쳐 말하기talking back'의 가능성을 강조했다.[56] 수신자에서 발신자 되기. 발화 양식의 변화는 은폐되었던 이야기를 풀어놓는 역할을 한다. 2016년부터 쏟아져나온 성폭력 폭로는 우연이 아니다. 이러한 말이 쌓이면서 폭로의 기반을 만들었다. 철학자 윤김지영은 미셸 푸코의 '파레지아parrhesia' 개념을 빌려 여성들의 폭로 행위가 '두려움 없이 말하기'의 양식이라고 설명한다. 듣는 청자를 고려한 '고백'이 아니라, 말하는 '나'의 주체적인 발화 양식인 '폭로'를 통해 여성들이 '피해자'로 남지 않기를 선택했다고 주장한다.[57]

성우의 목소리를 게임에서 삭제한 사건을 비판하는 사람들(대부분 여성)을 비난하는 논거 중에는 '메갈리아와 메갈리아 지지자들이 먼저 해왔던 방식이다'가 있었다.[58] 여성혐오적인 작품을 생산하는 작가들(예를 들어 '강남 언니' 캐릭터를 그린 웹툰 작가 마인드 C)을 향한 여성들의 목소리가 먼저 있었고, 그들이 여성혐오 작가로 한 작가를 낙인찍고, 그 작가를 보이콧하는 행동을 해왔으니 그 반대의 현상도 마땅히 벌어질 만하다는 주장이다. 모든 맥락을 제거하고 '소비자의 보이콧'만 남겨서 똑같은 모양으로 현상을 빚는다. 게다가 '메갈리아'로 상징되는 페미니스트 집단이 '먼저' 해왔던 방식이라는 주장은 원인과 결과를 뒤집는 고약한 태도다.

늘 그렇듯이, 여성의 '극단'은 더욱 확장되어 알려지며 남성의 '보편'은 일부의 문제로 축소된다. 확장되는 극단과 축소되는 보편 사이에서 이 둘은 결국 비슷한 무게와 모양을 가진 동일 집단이라는 허상이 만들어진다. '모든 여성이 그렇지는 않겠지만 어쨌든 김치녀가 있는 건 사실이잖아'라는 주장으로 여성의 의견을 묵살한다면, 남성의 폭력 행위에 대한 여성의 비판에는 '모든 남성이 그렇지 않은데 남성을 일반화시킨다'고 주장한다. 전자는 낙인찍을 수 있는 권력의 작동이라면, 후자는 낙인찍히지 않을 권력을 작동시킨다. 그렇게 김치녀는 실재가 되고 남성의 폭력은 일부로 축소된다. 그리고 이는 '사실'로 굳어진다. 남성의 여성혐오를 평평하고 납작하게 만들고 여성의 저항 언어를 혐오로 둔갑시킨 뒤, '똑같은 혐오'라고 한다. 독점적 해석이 필요한 사안을 보편적 문제로 흐려버리는 전략을 통해 기존에 언어가 없던 이들의 발언권을 정의롭게 빼앗는 방식이다. "남자도 힘들다", "남자도 성적 대상이 된다", "남자도 살해당한다"고 말한다. 이런 식의 태도는 결국 소수자의 목소리를 휘발시킨다. 마치 앞뒤 상황을 모른 채 한 컷의 이미지로 모든 상황을 판결하는 식이다. 맥락 없는 '팩트'가 난무한다.

 '일베'를 일찍이 '여성혐오 사이트'라고 부른 적은 없지만, '메갈리아'를 향한 '남성혐오 사이트'라는 표현은 즉각적으로 유포되었다. '메갈리아'가 '일베'와 비교되는 순간 '메갈리아'의 정체성은 왜곡된다. '메갈리아'는 '일베'의 언어를 빌려왔지만 '일베'에 대항해 만들어진 커뮤니티가 아니다. '메갈리아'를 '여자 일베'라고 편하게 인식하면 이 각각의 사이트의 성질은 전혀 설명되지 않는다. '메갈리아'와 '일베'는 탄생의 메커니즘이 다르다. 현실의 혐오가 농축되어 '일베'에 일부 저장된다면, 반대로 '메갈리아'에서는 온라인에서의 '발악'이 조금씩 현실로 새어나올 뿐이다. 그것도 아주 미미하다. 그런데도 페미니즘을 나치나 IS와 동일한 과격하고 폭력적인 성격으로 몰아붙이며 남성을 피해자화한다. 원래의 원본(여성혐오)은 이 가상의 원본(남성혐오)을 모방하며 자신들이 미러링을 하는 입장이 되었다고 주장한다. 이 원본과 접촉하면 누구든 쉽게 복사본으로 취급받을 수 있다.

'여혐'과 '남혐'이라는 이 언어의 유포에 먼저 문제의식을 가져야 한다. 여성혐오를 축약해서 '여혐'이라고 부를 정도로 여성혐오에 대한 인식이 널리 퍼져나갔다. 미소지니의 번역 문제를 논하거나 혐오와 차별을 구별하는 등, 언어의 유래에 대한 관심이 높아졌다. '남혐'이라는 말은 담론으로 형성되어야 할 '혐오'의 의미에 분탕질을 해서 혐오의 개념과 범위를 교란시킨다. 이 단어는 언론에 의해 더욱 열심히 퍼져나갔다. 언론은 초창기에 메갈리아를 향해 '소위 남성혐오 사이트'라는 표현을 사용해 이 언어를 공식화시키는 데 일조했다.

'메갈리아'는 부분적으로 이러한 미러링을 수행했으나 안타깝게도 구조적으로 미러링은 가능하지 않다. '미러링'은 완벽하게 성공하기 어렵다. 거울을 보지 못하는 사람들에게는 거울을 들이대도 거울 속의 모습이 누구인지 알 수가 없다. 거울은 '나'에 대한 인식이 있어야 볼 수 있다. 그렇다면 '메갈리아'의 활동은 의미가 없으며 실패한 것일까. 아니다. 세상을 더욱 산만하게 만드는 데 일조했다. 익숙한 평화 속에 깃든 폭력을 사라지도록 만들 수는 없지만 폭력을 폭력이라 명명하도록, 목소리를 낼 수 있도록 추동력을 주는 역할을 했다. 여성들에게 '언로言路'의 새로운 형태와 가능성을 제시했다는 면에서 긍정적 의미가 있다.

# 나오며
## : 생각하는 인간에 대하여

블랙리스트 사건, 나꼼수 현상, '메갈리아' 마녀사냥은 한국 사회를 뒤흔드는 여러 사건 중 하나에 불과하다. 그럼에도 이 사건들을 관통하는 문제는 한국 사회에서 반복적으로 나타나는 현상이다. 보수 정권은 시민의 '개인 되기'를 방해하기에 비판적 의식을 통제하는 제도적 억압을 가하고, 상대적으로 진보 진영은 이 억압을 향해 저항하는 과정에서 약자를 향한 혐오와 멸시를 정당화한다. 보수 우파가 특정 지역 혐오와 안보를 이용하고 페미니즘을 왜곡해 활용한다면, 진보 진영은 '민주와 진보'라는 대의를 위해 노동자와 여성을 '나중으로' 미룬다. 혹은 노동자를 남성화하며 페미니즘을 억압한다. 여성주의를 적극적으로 경계하며 배제하려는 진보와 이를 오용하는 보수 우파 사이에서 가장 취약한 상황에 처하는 사회구성원이 누구인지 생각하자.

국정원이 3,500명을 동원해 '댓글 공작'을 펼친다면, 일상의 '평범한 사람들'은 소셜미디어나 포털 사이트, 온라인 커뮤니티 등에서 인신공격성 댓글을 '전투력'의 하나로 과시한다. 만만한 타인에게 도덕성을 강요하거나 정치적 성향을 문제삼으며 자신의 정의감을 확인한다. 이는 결코 익명에 기대어 벌어지는 태도가 아니다. 페이스북에서는 자신의 얼굴, 이름, 소속, 거주 지역, 출신 학교, 나이와 배우자 유무, 심지어 자식 얼굴까지 밝히면서 욕을 하거나 차별적 발언을 하는 이들을 어렵지 않게 찾을 수 있다. 그렇게 형성된 '끼리끼리'의 세계를 '공감과 소통'으로 포장해 강화한다. '미개'한 타인과 '충'이 되어 박멸의 대상이 된 비非인간이 늘어난다.


## 1. 솔직한 '표현'의 '자유': 표현은 누구에게 도착하는가

2016년 3월 인공지능 테이가 트위터에서 활동하다 하루 만에 중지되었다. 테이는 히틀러가 옳고 페미니스트가 싫다는 발언들을 쏟아냈다. 그가 태어나자마자 스스로 배운 언어는 차별적인 발언과 잘못된 정보들이었다. 트위터에서 그만큼 차별적인 발언들이 넘쳐난다는 뜻이다. 누가 미디어를 소유하는가. 기술의 진보는 그 자체로 거부의 대상이 아니다. 기술을 누가 소유하고 있느냐가 문제다. 미디어는 기술적으로 다양해지고 있지만 내적인 언어는 다양하지 않다. 발화의 주인은 여전히 다양하지 않다는 것이다. 형식적으로는 의사 표현 절차가 완비되어 있을지라도 말할 수 있는 사람은 소수다.

미국 대통령 트럼프는 2016년 공화당 후보 수락 연설 중 "나는 당신들의 목소리"라는 말을 했다. 그가 대변하는 '목소리'에는 이민자 혐오, 여성과 장애인 비하가 넘쳐났다. 2016년 '개돼지' 발언으로 커다란 파문을 일으킨 한 고위 공무원에게서 쏟아져나온 말 중 "그렇게 말하는 건 위선"이라는 문장에 오래 눈이 머물렀다. 구의역에서 스크린도어를 수리하다 희생된 젊은 노동자가 '내 자식처럼' 생각되지 않느냐는 기자의 질문에 그가 답한 말이다. '그것은 위선이다'고 선포함으로써 '나홀로 나쁜 인간'으로 취급받을 수는 없다는 결의가 그에게서 느껴졌다. 2015년 프랑스의 〈샤를리 에브도〉 테러 사건 이후 마린 르펜은 무슬림 혐오를 드러내며 "더는 위선이 불가능하다"라고 했다. 속마음을 대신 풀어내주는 트럼프나 르펜은 '솔직'하다는 평을 듣는다.

이들은 모두 혐오와 차별을 '위선에의 저항'으로 둔갑시키는 인물이다. 솔직함은 곧 순수가 되고 선이 되지만 위선은 믿을 수 없는 이중성으로 낙인찍힌다. 트럼프와 그 지지자들은 '거짓말쟁이'라는 말로 힐러리 클린턴을 향해 비난을 날렸다. 힐러리는 위선적인 거짓말쟁이지만 장애인 기자를 조롱하거나 멕시코 혐오 발언을 쏟아내는 트럼프는 솔직한 인간이다. 자유와 솔직함을 향한 극단적 찬양은 권력의 횡포마저 자유롭고 솔직하게 만든다. '우리 솔직해지자', '우리끼리니까 하는 말인데'라는 말은 간혹 위험한 속마음을 드러내기 전에 깔아놓는 안전장치다. 여기서 '우리'는 너와 나를 묶으며 일반적인 사람들로 확대된다. '나만' 이렇게 생각하는 게 아니라 실은 '너도' 그렇잖아, 라는 속삭임이다. '우리 모두' 같은 생각인데 너는 왜 아닌 척하느냐고 얄궂게 몰아세우는 태도다. 배려하는 사람으로 성장하기보다는 타인도 옳지 않은 인간으로 만드는 것이 더 편하기 때문이다. "나만 그런가요?" 이에 동참하지 않으면 위선이다. 어떤 경우 위선은 '타인의 기분'에 대한 존중이다. '프로 불편러' 때문에 숨이 막힌다고 말하거나, 그들을 두고 '쿨'하지 못하다고 비판한 후 도리어 약자와 소수자를 비웃는 편이 더 세련되게 보일 지경이다. 우리는 약자 혐오를 공기처럼 들이마시며 살고 있는데 과연 '불편함'의 실체를 제대로 파악할 수 있을까. 2018년 남북회담 등으로 한반도 정세가 급변하자 나름 '진보' 진영의 지지자들은 평화를 위한 전략으로 트럼프, 김정은, 문재인의 공동 노벨 평화상을 운운했다. 각종 차별 발언 종합선물세트나 다름없는 트럼프도 '전략적으로' 노벨 평화상을 받을 수 있다면 그 전략 속에서 소외되는 이들이 누구인지는 선명하다.

특히 한국인에게는 '나'라는 주어 대신 '우리'를, '나의'라는 1인칭 소유격 대신 '우리'라는 복수의 소유격을 사용하는 언어 습관이 있다. 개인 되기를 억압하는 제도와 문화 속에서 취향이 있는 개인보다는 집단의 정서에 잘 적응하는 '그들 중 한 사람'이 더 긍정적 인간상으로 여겨진다. '국민 오빠', '국민 여동생', '국민 남편' 등 인기 있는 연예인에게 '국민'이라는 말이 붙듯이, '우리'와 '국민' 사이에 개인은 없다. 개인 되기를 부정적으로 보기에 혼자 밥을 먹는 것도 문제로 여겨진다. 한국에서는 집단에 잘 용해되는 개인이 사회성 있고 성격 좋은 사람이다. '무난함'을 좋아하고 '튀는'을 싫어한다. 나이에 눌리고 성별로 눈치보며 개인의 의견을 말하기 어려운 사회다. 한국은 개인의 이야기를 듣고 싶어하지 않는다. '개인 되기' 그 자체가 하나의 투쟁이 되어버릴 정도다. 사생활 인식이 부족하듯 취향도 제대로 권장받지 못하는 사회 분위기 탓에 '표현'은 점점 왜곡된 개념으로 활용된다.

차별적 표현에 '자유' 개념을 덧입히는 이들의 관심은 표현의 자유를 '소유'하는 것이다. 이들은 마음대로 '니그로' 발언을 하거나 여성 차별 발언을 할 수 있었던 시절을 그리워하며, 표현의 자유를 빌미로 피해자 되기 전략을 짜고 있다. '짱깨', '병신', '화냥년', '갈보', '창녀' 같은 말을 사용하며 억압에 대한 분풀이를 사회적 약자에게 해소하던 '자유'가 위축되자 서러워한다. 금기가 아닌 것을 금기에 대한 도전이라 우기고 관념에 도전하지 않고 관념을 강화하는 데 이바지한다. 그때는 옳았는데 지금은 왜 틀리냐고 억울해한다. 그때 옳았던 관념이 지금은 옳지 않을 수 있다는 의구심을 갖길 포기한다는 건 지적 활동에 대한 포기다. 오늘날 '표현의 자유'는 비판을 받아들이지 않는 방패로 악용되며, 차별의 가해자들은 비판 앞에서 억압받는 피해자로 분할 수 있게 되었다. 혐오할 자유가 저항할 권리를 압도하는 순간 차별은 문화가 된다.

미국의 경우 대도시에서 벗어나 인종 구성이 단일한 곳일수록, "정치적 올바름은 정직하지 않다. 다양성은 백인 학살의 언어다Political corectness is not honesty. Diversity is a code word for whitegenocide"와 같은 슬로건이 당당하게 표현된다. 이러한 태도의 기저에는 그들이 기존에 가진 (성과 인종 같은) 권력이 더는 효력을 발휘하지 못하는 사회로 변화한다는 것에 대한 두려움이 있다. 다인종 사회에서 백인이라는 자원, 성정치가 논의되는 사회에서 남성성이라는 자원은 예전처럼 막강할 수 없다. 이러한 '위기' 속에서 기존 권력자는 사회적 약자 혐오를 통해 자신의 정체성을 강조하고 확인하려 한다. 혐오할 수 있는 타자의 존재는 나의 정체성을 부각시킨다.

정치적 올바름political corectness은 물론 논쟁적이다. '정치적' 올바름만 있거나, 정치적이지 않은 '올바름'만 있을 때 전혀 정치적으로 올바르지 않은 규제만 남을 수 있다. 교조주의가 되어버리기 쉽다. 정치적 올바름은 꾸준히 올바름의 지향점을 찾는 과정, 그 자체에 있다. 그러나 교조주의적인 정치적 올바름을 비판한다는 명목으로 은근슬쩍 논의를 단순하게 만드는 언어가 바로 '프로 불편러'다. 심지어 'PC충'이라고도 한다. 이런 식으로 낙인을 찍는 언어의 난립은 정치적 올바름에 대한 논의를 더욱 미궁에 빠뜨린다. 치밀한 합의와 논쟁을 무시하고 위선과 자유라는 단편적인 대립항을 만드는 사회는 필연적으로 약자와 소수자를 향한 차별에 둔해진다. 불편한 진실을 외면해 얻은 '자유'에 힘을 싣는다. 더불어 공론의 장을 SNS가 대체하면서 비평보다는 공격의 속도전에 시달린다. 진중한 분석보다는 촌철살인이나 '사이다'라 불리는 속시원한 언어가 호응을 얻기 쉽다. 비평은 부실해지고 여론 재판이 활발해진다.


## 2. 취향입니다, 존중해주세요

진지함은 벌레가 되고 취향은 혐오와 반지성을 정당화하는 수단이 되었다. 인종, 성, 세대, 지역, 계층, 종교 등의 이유로 사회적으로 억압받는 약자라서 자신의 의견을 드러내기 어려운 경우를 위해, 취향이 정치적 검열 대상이 되거나 인격적 모독을 받지 않고 안전하게 보호받을 수 있는 사회를 위해 '표현의 자유'나 '개인의 취향'이라는 개념이 필요하다. 그러나 이 취향, 자유, 표현이라는 개념을 오히려 소수자와 약자를 억압하고 자신의 기득권을 재확인하는 도구로 이용하는 이들이 있다.

혐오와 차별은 때로 '취향'이라는 고급스러운 외피를 두른다. 백인을 좋아하는 취향, 뚱뚱한 여자에 비위 상하는 취향, 가부장제가 잘 맞는 취향, 동성애자를 싫어하는 취향 등 별별 형태의 차별이 취향으로 포장된다. '취향'이라는 말 속에는 비정치적이며 판단이 중지될 수 있는 중립적인 개념이 있다고 생각하기 때문이다. '말할 자유', '그냥 내 의견', '다양성', '다른 것은 있어도 틀린 것은 없다' 등의 말들로 자신의 올바르지 않은 말을 방어한다. 취향이라는 소음기를 장착한 총으로 혐오 발언을 마구 쏠 자유가 '표현의 자유'로 자리잡게 된다. 제도적으로 통제와 억압이 자행되고 일상에서는 조롱과 혐오로 점철된 언어의 공격 속에서 수치심은 소수자의 몫으로 고립되고 있다. 그보다는 뻔뻔함이 능력이 되었다. 더구나 SNS에서 차단과 삭제라는 기능을 통해 자신이 수신하고 싶지 않은 내용을 외면할 수도 있다.

　혐오 표현이 취향이 될 수 없는 이유는 상대가 선택할 수 없는 정체성을 조롱의 대상으로 삼기 때문이다. 취향이 존중받는다는 것은 '개인'으로 존중받는다는 뜻이다. '공식적으로' 개인의 취향을 가질 수 없는 집단이 학생, 군인, 죄수다. 이들은 집단으로 존재할 뿐 '개인'으로 존중받지 못한다. 유니폼을 입고 머리를 자른다. 소지품은 검열받고 개인 공간을 확보하기 어렵다. 군인은 업무의 특성상, 죄수는 징벌이라는 의미에서, 학생은 공부에 집중해야 하는 역할 수행을 위해 이러한 억압이 사회적으로 용인된다. 청소년 두발에는 2018년에 공식적으로 자유화 정책이 선언되었다. 취향의 억압은 가장 기본적인 인권 침해를 담보로 한다. 그래서 취향을 존중하자는 개념이 필요했거늘, 지금은 거꾸로 취향이라는 개념이 차별의 도구로 활용된다. 디지털 성폭력인 '몰카'가 표현의 자유로, 혐오가 취향으로 둔갑한다. "취향입니다, 존중해주세요"라며 자신의 혐오 표현을 변호한다. 무지의 취향화, 성적 대상화에 갇힌 상상력으로 '취향'과 '자유'는 심각하게 오염된 개념으로 빚어지고 있다. 표현의 자유가 아니라 표현의 권력에 관한 성찰이 필요하다. 그렇지 않으면 사회적 약자를 유희의 대상이며, 분노의 배출구로 삼는 문화에 의구심을 가지는 토양이 형성되지 않는다. 그동안 '진보'와 '예술'이 만나면 여성 착취가 주렁주렁 달렸다. 블랙리스트의 피해자이며 성범죄 가해자인 예술가의 존재는 이러한 사회 속에서 얼마든지 찾을 수 있다.

게다가 취향의 '개인적' 영역은 생각보다 좁다. 이미 어떤 집단(인종, 국가, 성별, 종교 등)의 문화로 자리잡아 제도화되거나 대부분이 공유하는 정서를 두고는 '개인의 취향'이라고 보지 않는다. 입맛조차도 자신이 태어나 자란 환경과 무관하게 온전한 나 개인의 선택만으로 만들어지지 않는다. 그리고 때로 취향은 지적 활동을 거부하는 방패가 된다. '맛있으면 그만이지', '재미있으면 그만이지', '예쁘면 그만이지', '편하면 그만이지' 등 내가 좋다는데 왜 그러냐는 식으로 타인의 지적 활동을 쓸모없는 행동으로 치부한다.

개인의 취향에는 복잡한 사회적 맥락이 개입한다. 예를 들어 고속버스에서 몸을 흔드는 취향과 오페라 공연을 보는 취향 사이에는 계층과 지역, 연령 등 수많은 사회구조적 담론이 끼어들 여지가 있다. 비평가는 이러한 담론을 생산하고 분석한다. 인류가 쌓아온 지적, 예술적 유산은 수많은 담론의 축적이다. 정치적 논쟁뿐 아니라 미적 담론에서도 취향 개념은 무책임하게 사용될 때가 있다. "예술엔 맞다 틀리다, 혹은 옳다 그르다라는 게 없다. 취향이 있을 뿐이다"[59]라는 말은 복잡한 담론을 허공으로 날려버린다. 이러한 의식을 바탕으로 더욱 과격하게 나아가면 평론가의 존재 자체를 부정하는 일까지 생긴다. 2002년 칼럼니스트 김규항의 글 "평론가의 탄생"은 이러한 사고를 노골적으로 드러냈다.

"평론가란 '생산하는 사람'이 아니라 '생산에 기생하는 사람'이다. 영화평론가란 대개 영화감독에의 꿈을 접은 사람들에게서, 음악평론가란 작곡이나 연주자의 꿈을 접은 사람들에게서, 문학평론가란 작가의 꿈을 접은 사람들에게서 출발했음을 우리는 알고 있다. 평론가란 대개 애초 생산을 꿈꾸었으되 재능의 부족이나 의지의 박약, 혹은 지나치게 운이 없어 꿈을 접었으나, 아예 그 바닥을 떠나려니 너무나 서럽고 딱히 갈 데도 없어 '남의 생산에 평론이나 일삼으며 사는 사람'이다."[60]

이 글은 한국의 대중문화평론계를 비판하는 글이었으나 창작과 비평의 관계에 관한 몰이해만을 보여준다. 비평의 내용과 질에 관한 비판이 아니라, 평론가 자체를 폄훼하고 존재의 이유를 부정한다. 평론가의 역할을 과소평가할수록 비평은 '먹물'들이 '인문병신체'로 허세나 떠는 작업이 된다. 평론이 "생산에 기생하는" 작업이라고 당당히 말하는 사회에서 미적 탐구나 지적 생산물이 그 가치를 제대로 인정받기란 어려워진다.

김규항은 김어준과는 전혀 다른 성격의 지식 유통자이며 정치적 지향도 다르지만, 이들에게서 나타나는 공통점은 지식인을 비판하며 지식인이 된다는 점이다. 김어준이 지식인의 고결함을 비판하며 자신을 가장 현실적인 언어로 말하는 '잡놈'으로 규정한다면, 김규항은 지식인과 거리를 두며 일종의 잠언을 생산하고, 변방에서 도덕성을 지키고 있다는 순결한 태도를 드러낸다. 전자가 솔직함을 무기로 날것의 언어로 지식인을 조롱한다면, 후자는 '영성'이라는 이름으로 도덕적 우월감을 갖고 지식인을 내려다본다는 차이가 있다. 두 태도 모두 지식인을 비판하며 자신을 '대중의 편'으로 위치시켜 '진짜' 지식인이 되게끔 한다.

## 3. 애도하는 사회

솔직함을 빌미로 만만한 타인에 대한 조롱과 혐오 발언이 유머로 유통되고 있다면, 이 사회가 타인의 고통을 대하는 자세는 어떠한가. 2014년 발생한 세월호 참사에는 아직도 '실종자'가 있다. 이처럼 여전히 진행중이며 해결된 일도 없는 사건의 경우 그 고통은 더욱더 오역될 가능성이 크다. '어떻게 말해야 하는가'에 대한 고민이 끝나지 않았다. 나는 사건이 '지나가지 않은 자리'에 올라갈 엄두를 내지 못했다. 타인의 고통과 연대하는 옳은 말을 찾기가 어려웠다. 슬픔을 느끼지만 할 수 있는 일이 없을 때, 인간은 자신에게 다가오는 슬픔을 방어하려 한다. 많은 사람들이 '잊고 싶은 마음'이라는 사실이 그래서 놀랍지 않다. 타인을 연민의 대상으로 삼지 않으면서 외면하지도 않는 방법은 쉬운 일이 아니기 때문이다.

"연민은 변하기 쉬운 감정이다. 행동으로 이어지지 않는다면 이런 감정은 곧 시들해지는 법이다. 따라서 정작 문제는 이렇다. 이제 막 샘솟은 이런 감정으로, 서로 연락을 주고받으며 알게 된 지식으로 무엇을 할 수 있는가? 만약 '우리'(그런데 우리란 도대체 누구를 말하는 것일까?)가 할 수 있는 일은 아무 것도 없다고 느낀다면, 그리고 '그들'(그런데 '그들'은 또 누구인가)이 할 수 있는 일도 전혀 없다고 느낀다면, 사람들은 금방 지루해하고 냉소적이 되며, 무감각해지는 것이다."[61]

이처럼 무력감 앞에서 냉소적이 되는 걸 넘어 '지겹다'고 말하며 급기야 무례해지는 사람들까지 생긴다. 이 무례함은 어찌 보면 자기방어다. 온전한 '남의 고통'으로 선을 그어 외면하고픈 마음 때문이다. 타인의 고통 앞에서 어떻게 '예의 있는 주변인'으로 개입할 것인가. 자기연민만 드러내는 '공감'이 아니라 올바른 개입에 대한 고민이 윤리적인 연대를 만든다.

세월호 사건의 피해자는 크게 실종자, 사망자, 그들의 유가족, 생존자로 나뉜다. 특히 언제 어디에서 어떻게 실종했는지 모두가 알고 있지만 찾지 못한 '실종자'와 그들의 가족에 대해서는 도무지 무슨 말로 그 마음을 표현할 수 있을지 모르겠다. 나는 아직도, 어떻게 고통 앞에서 '우리'가 될 수 있는지, 우리를 '그들'로 만들어버리는 언어를 사용하지 않는 애도란 무엇인지, 찾고 있는 중이다.

세월호 사건 초기, 나는 팽목항에 있는 유족들의 모습이 담긴 사진 한 장을 보며 빌 비올라의 작품 〈관찰Observe〉을 떠올렸다. 곧이어 내 자신에게 어떤 위험성을 느꼈다. 누군가의 현실이 내게는 강력한 고통의 이미지로 전달되고 있었다. 미디어에서 고통을 어떻게 전달해야하는지 고민하는 것만큼 중요한 것은 그 고통의 '이미지'를 어떻게 수용하는가이다. 2015년 9월 터키 해변에서 발견된 네 살짜리 아이 아일란 쿠르디의 시신 사진을 보면서도 같은 생각을 했다. 현실을 직시하도록 만드는 강력한 이미지는 분명히 필요하다. 그런데 그 이미지의 수용 후, 그러니까 '슬픔 이후' 어떻게 해야 할지 몰라 항상 서성인다. 슬픔에서 더 나아가지 못한다면 결국 고통의 수동적 구경꾼일 뿐이다.

'타인의 고통'을 대하는 자세는 많은 고민과 학습, 자기성찰을 필요로 한다. 타인의 고통을 타자화하고, 기껏해야 동정과

연민의 테두리에서 벗어나지 못할 위험, 혹은 자신이 겪은 다른 고통을 끌어와 '너를 이해하는 나'에 대한 자아도취와 자기연민에 빠질 위험에서 자유롭지 못하다. 특히 '이해한다'라고하면서 타인의 고통을 쉽게 자신이 겪은 고통과 동일하게 만드는 방식은 옳지 않다. 타인의 고통을 결국은 내 언어로 오역할수 있기 때문이다. 그렇다면 우리는, 고통 앞에서 어떻게 '우리'가 되어야 할까. 사건의 '정치화'가 그나마 최선의 길이다.

사건은 이미 일어났다. 아니, 정확히 말하면 사고가 일어났다. 사고가 일어났을 때 할 수 있는 최선의 일은 '사고'를 '사건'으로 만들지 않는 것이다. 하지만 여야 모두, 세월호에 올라탔다가 어이없게 이 세상을 떠나야 했던 수많은 사람들과 그들의 유가족을 '정치적'으로 이용했다. 그렇게 사고는 사건이 되었다. 2016년 총선에서 더불어민주당은 세월호의 진상 규명을위해 투표로 새누리당을 심판해달라고 유권자들에게 호소했다. 나름의 선전을 하고 총선이 끝나자마자 더불어민주당은 본색을 드러냈다. '정치적 공방'을 피하기 위해 세월호 2주기 추모 행사에 공식적 참석을 하지 않는다고 했다. 나는 그때 텔레비전에서 들은 한 생존자의 목소리를 다시 떠올려야 했다. "그때, 우리는…… 우리가 아니구나. 우리가 될 수 없구나, 라고 생각했어요." 사건 이후, 그들에게는 '우리'가 될 수 없는 단절감과 소외감이 자라났다. 그래, 우리는, 우리가 아니구나. 정치적공방이 두려워서 애도를 피하는 정치인이라니. 정치적 공방을피하고 싶은 정치인은 왜 정치를 할까.

게다가 '정치적'이라는 것을 잘 생각해보자. 우리 삶에 관여하지 않는 정치는 정치인가. 애초에 사고는 '정치적'으로 일어나지 않았겠지만, 사건의 해결은 정치적이어야 한다. 총선 전에는 우리의 문제지만 총선 후에는 그들(유가족)의 문제인가. 정치적으로 사건을 지우려는 힘 앞에서, '그들'의 문제로 사건을 고립시키려는 힘 앞에서, '우리'가 맞설 수 있는 방법은 사건 해결의 정치화다. 그래야 '우리의 문제'가 될 수 있다.

세월호 사건 당시 실종자 수색에 참여한 김관홍 잠수사가 사망했다. 자살이라고 한다. 고인은 "이제 어떤 재난에도 국민을 부르지 말라"는 말을 생전에 했다. 국가는 '국민'이라는 사람들에게 어떤 역할을 하는 존재일까. 근본적인 질문으로 되돌아가게 된다. 304명의 희생자 중에서 292명의 시신을 '민간' 잠수사들의 손으로 끌어올렸다. 그들은 온몸으로 죽음을 기억할 것이다. 기억하기 때문에 고통스러운데, 기억하지 않을 수 있는 권력이 기억하는 이들을 지배한다. 그와 같은 잠수사들에게는 산재보험 처리도 되지 않았다. 애도가 온전히 개인의 몫으로 남겨질 때 고통은 고립된다. 이 사회의 비극이다. 그렇게 위험의 도돌이표가 이어진다. 게다가 세월호의 침몰을 '우리'가 텔레비전을 통해 보았다. 오늘날은 실시간의 타인의 고통 앞에서 구경꾼으로 자리한다. 스펙터클만이 남고 애도를 상실한 사회에 대해 생각한다.

2017년 10월, 라스베이거스 총격 사건이 일어난 바로 이틀 후였다. 사건이 새벽에 일어났으니 어쩌면 하루 후일지도 모른다. CNN 방송을 통해 유가족들의 인터뷰를 보았다. 딸이 죽은 어머니, 아내를 잃은 남편, 어머니를 잃은 젊은 딸 등이 대부분 자신의 집을 배경으로 한 채 카메라 앞에 섰다. 차분하게 죽은 딸이 어떤 사람이었는지 말하는 어머니도 있고, 굳은 표정으로 다소 힘겹지만 가족들이 나란히 서서 사라진 한 명의 가족에 대해 말하기도 했다. 어떤 사람은 앵커가 말하는 동안 눈을 감고 입술에 힘을 준 채 막 터져나올 듯한 감정을 삼켰다가 다시 눈을 뜨고 말을 이어갔다. 아직 장례도 치르기 전에 언론과 인터뷰를 해야 하는 그들의 마음을 누가 다 헤아릴 수 있을까. 인터뷰의 마지막, 유가족의 '땡큐'라는 말까지 어쩐지 낯설게 들렸다. 유가족을 위로하고 피해자 개별의 이야기를 전달한다는 면에서 필요한 방송이라는 생각과, 이런 방송은 유가족을 '구경'하는 사람들의 입장이 반영된 것이 아닐까라는 의구심 사이를 오갔다.

비극을 보도하는 언론의 시선을 따라가다보면 이 비극을 감상하는 시선의 주인공이 누구인지 보인다. 2015년 1월 파리에서 일어난 〈샤를리 에브도〉 테러 이후 〈파리마치Paris-Match〉는 테러 용의자인 쿠아시 형제의 시신 사진을 공개했다. 독자의 시선을 통해 '확인사살'하는 행위다. 독자들은 이 사진을 봄으로써 프랑스공화국을 위협한 무슬림 테러리스트에 대한 시선의 응징에 참여한다.

이처럼 비극을 소비하는 방식으로는 관음의 시선, 응징의 시선뿐 아니라 연민의 시선도 물론 있다. 특히 어린아이의 비참한 모습에는 온 세계가 가슴 아파한다. 미디어는 공포와 분노, 연민과 슬픔을 실시간으로 전달해 관찰자들의 감정을 움직일 수 있는 막대한 힘이 있다. 난민에 대한 관심을 환기시키는 긍정적 효과를 낳았다고 평가받는 아일란 쿠르디의 사진은 대체로 모자이크 처리 없이 언론에 실렸다. 차갑게 식어 있을 아이의 작은 몸은 전 세계의 시선을 붙들었다.

당연한 말이지만 미디어의 힘은 대단하다. 사진을 통해 우리 눈으로 보는 것과 보지 못한 것 사이에 발생하는 인식의 차이는 굉장하다. 난민들은 날마다 죽어가고 있으며 그중 많은 수가 아이들이다. 그러나 '보이지 않으면' 세상에 없는 일이고, '보여야' 세상에 있는 일이 된다. 2016년 시리아 내전으로 인해 초토화된 알레포 마을에서 피투성이로 구출된 어린아이의 초점 없는 표정이 담긴 사진도 화제가 되었다. 거대한 폭력을 온통 뒤집어쓴 어린아이의 모습이란 어른에게 끝 모를 죄책감과 깊은 연민을 안기기 마련이다. 호감을 끌어야 하는 광고의 '3B'는 아기baby, 동물beast, 미인beauty이다. 마찬가지로 비극의 주인공도 여성과 아이일 때 더욱 자극적인 효과를 낳는다. 그들의 비극은 미디어를 통해 잠시 등장했다가 잊히기를 반복한다. 과연 터키 해변에서 아이가 발견되기 전, 시리아에서 화학무기 폭격으로 아이들이 죽어가는 모습이 사진과 영상으로 보도되기 전, 미국과 유럽에서는 이 사실을 몰랐을까. 때로 사진은 인증이 되고 그 시간과 장소에서 알리바이를 제공한다. 사건의 목격자가 늘어나면서 사건을 모른 척했던 사람들이 더이상 모른 척을 할 수 없게 만든다.

미디어는 비극을 전달하고 사실을 인식하게 만드는 효과적인 도구이다. 나아가 비극의 발생 순간을 포착하기도 한다. 2001년 미국에서 발생한 9·11 테러나 2014년 세월호 사건 현장도 영상을 통해 볼 수 있었다. 재난을 영화화하지 않아도 재난이 실시간으로 우리에게 전달될 수 있는 시대다. 지난 몇 년간 국제적으로 IS에 의한 테러가 연이어 일어났다. 프랑스, 벨기에, 이라크, 미국 등에서의 테러로 많은 희생자가 생겼다. 테러 상황은 이제 언론의 공식적인 카메라가 아니라 각 개인의 스마트폰을 통해 동영상으로 돌아다닌다. 2016년 7월 14일 프랑스 니스에서 일어난 트럭 테러를 현장에서 찍은 영상이 테러 직후 공개되었다. 사람들이 '볼링공처럼 나가떨어지는' 광경은 빠른 속도로 온라인에 퍼졌다. 사람이 죽는 실제 상황이 그렇게 퍼져나간다. 마치 잔인하고 긴장감 있는 영화를 보듯이 테러의 '관객'들은 영상을 소비한다. 보는 윤리에 대해, 보이는 방식에 대해 더욱 세심해져야 하는 이유다.

고통과 비극이 정치적으로 재현되는 방식은 의도적이든 무의식적이든 꾸준히 치밀한 시선의 정치가 작용한다. 터키 해변의 네 살짜리 아이, 시리아 알레포의 어린아이처럼 자신의 일상과 무관한 '남의 나라'에서 벌어진 비극에는 측은지심을 발휘하다가도, 제 나라에서 벌어진 비극적 사건에는 부정적 의미의 '정치적'이라는 딱지를 붙인다. 지구 반대편에서 '나는 샤를리'가 될 수는 있어도 바로 제 옆에 있는 이웃의 고통과는 쉽게 연대하지 않는다. 또한 파리에서 일어난 테러와 이라크와 시리아에서 날마다 일어나는 폭격을 대하는 사람들의 시선은 결코 동일하지 않다. 타인의 고통은 차등적으로 소비된다. 언론은 고통의 정치적 소비에 매우 큰 역할을 한다. 세월호 사건의 희생자들을 조롱하는 짓은 단지 익명의 누리꾼만이 벌인 행동이 아니었다. "야권, 세월호 빙자한 '정치투쟁…'"(《동아일보》), "이번엔 세월호 유족 옆에 나타난 광우병 선동 세력들"(《조선일보》), "세월호 노란 리본이 '치외법 완장'…"(《문화일보》) 등의 표현으로 사건에 대한 진실 규명 요구를 악질적인 정치 투쟁으로 왜곡 보도한 언론이 있었다.

우리는 세월호의 침몰을 보았다. 우리는 보았다. 476명의 '살아 있는' 사람들이 그 안에 있었으며, 커다란 배가 물속으로 서서히 가라앉는 현장을 실시간으로 보았다. 그후 이어진 사건들은 우리가 본 것들을 철저하게 외면하고 부정하는 태도의 연속이었다. 한 달 후 대국민담화에서 억지 눈물을 흘리는 박근혜 당시 대통령의 모습을 보며 나는 1987년 12월 김현희의 얼굴을 떠올렸다. 박근혜가 왜 굳이 눈물을 짜내었는지는 누구나 쉽게 알 수 있다. 악어의 눈물임이 확실한 그 눈물을 애써 보여야 했던 이유에 대해. 세월호 사고가 사건화되는 길을 막고 싶은 이들에게 박근혜의 눈물이 필요했다. 테러리스트의 고운 얼굴이 필요했듯이, 근무 태만인 대통령의 책임 면피를 위해 눈물이 필요했다. 타인의 고통을 희석시키고 사건으로 향하는 길을 비틀어놓는 그 얼굴들. 눈물은 그 순간 여성 대통령의 무기가 된다. "박근혜의 눈물, 세월호 위기 넘을 수 있을까"(《노컷뉴스》)라는 기사 제목은 눈물의 의도를 잘 요약한다. 여기서 '위기'는 어떤 위기일까. 죽은 사람에게는 위기가 없다. '세월호 위기'는 정부의 위기를 뜻한다. 희생자들은 그렇게 소외된다.

대통령의 얼굴이 바뀐 후 1,073일이 지나 깊은 바닷속에서 커다란 배를 끌어올리는 모습도 우리는 보았다. 세월호가 올라왔다. 눈물처럼 출렁이는 바닷속에서 수습되지 못한 망자를 담고 있으리란 슬픈 기대와 함께 배가 올라왔다. 애도는 개인의 슬픔으로 머물 것이 아니라 사회화되어야 한다.

'권력이 되어버린 주관'에 끊임없이 맞서는 일, 이러한 움직임이 사회를 고이지 않게 만든다. 삼성전자 백혈병 피해자 황유미씨 가족의 투쟁을 다룬 극영화 〈또하나의 약속〉(2014)은 거대자본에 맞선 개인의 투쟁을 다뤘다. 이 영화가 개봉했을 때 이에 대한 두 개의 글을 읽었다. 하나는 전前 반도체 공장 노동자가 영화 관람 후 인터넷에 올린 글이며 다른 하나는 삼성전자 '부장님'이 쓴 영화에 대한 '삼성의 첫 반응'이다. 전자는 '있었던 일'을 말하고 있었으며 '진실'이란 단어는 전혀 등장하지 않는다. 후자는 '그럴 리가 없다'는 자신의 믿음을 강조하는 글로 '진실'이라는 단어가 네 번이나 등장한다. 진실은 권력에 의해 끊임없이 편집되고 있다.

이석기 전前 통합진보당 의원은 내란선동죄로 12년 형을 받고 복역중이며 국정원 댓글 사건으로 기소되었던 김용판 전前 서울지방경찰청장은 무죄를 받았다. 두 판결을 떠올려보자. '일어나지 않은' 내란 음모는 '이미 일어난' 국정원 선거 개입과 수사 조작보다 더 믿을 만한 진실이 되었다. 어떤 진실은 가공되며 어떤 진실은 소멸한다. 하루아침에 아무나 간첩단으로 둔갑되는 마당*에 누군가의 진실이 유언비어가 되기는 얼마나 쉬

---

* 서울시 공무원 간첩 혐의 사건. 중국 국적으로 북한에 거주한 적 있는 서울시 공무원 유우성씨가 북한의 간첩이라고 국정원이 주장한 사건이다. 유우성의 동생까지 감금된 채 조사를 당하는 등 국정원의 가혹행위가 있었다. 이 사건을 조사한 다큐멘터리가 〈자백〉(2016)이다.

운가.

2015년 11월 민중총궐기에서 경찰의 물대포를 맞고 쓰러진 백남기 농민에게 강신명 당시 경찰청장은 청문회에서 사과하기를 거부했다. 어디까지나 개인적인 사과에 머물 뿐 경찰청장으로서의 사과는 끝내 거부했다. 공식적인 사과에는 책임이 따르는데 그 책임을 지지 않기 위해서다. 그는 흔히 동원할 수 있는 수사인 '법과 원칙'을 열심히 외칠 뿐이다. 그는 청문회에서 "우리 사회에 법적인 구제 절차나 제도적인 의사 표현 절차가 완비돼 있는데도, 그에 응하지 않고 폭력이나 위력에 의해 문제를 해결하려는 관행" 때문에 집회나 시위가 있다고 했다. 또 "갈등은 합법적인 절차로 해결"해야 한다고도 했다. 그럴 수 있으면 좋겠다. 현실에서 우리는 표현할 권리를 동등하게 가지고 있지 않다. 말을 할 수 있는 집단은 소수다. 대부분은 말할 기회가 없거나, 말하고 싶어도 해본 적이 없어서 방법을 모르거나, 괜히 말했다가 손해만 본다. 위험을 무릅쓰고 말하는 사람이 소수일 수밖에 없다. 이 구조 속에서 객관은 권력자의 주관이기 쉽고, 중립은 결국 목소리 큰 사람에게 유리한 상황을 만든다. 그렇게 진실은 권력의 희망사항에 따라 조작된다. 백남기 농민은 2016년 9월 끝내 사망했다. 침묵시키는 권력이 어떻게 사람의 생물학적 목숨을 앗아가는지 보여주는 사건이다.

사랑, 예술, 정치, 운동, 학문, 그 무엇이든 밑바닥에는 나와 더불어 다른 존재에 대한 고통을 이해하려는 의지가 있어야 한다. 세상을 조금이라도 더 낫게 만들어온 운동과 정치, 덜 상처주는 인간관계, 조금이라도 더 의미 있는 지적·예술적 생산물은 고통에 대한 이해와 관련 있다. 고통을 외면하지 않고, 고립시키지 않고, 고통받는 자를 소멸시키지 않고, 나 자신의 고통 또한 제대로 바라볼 수 있는 용기 말이다.

고통을 다루는 말들, 고통 앞에 선 정치, 고통 당사자에게 말을 거는 방식, 고통을 둘러싼 온갖 말들에 대해, 그 깊고 어두운 정체에 대해 모두 파헤칠 수는 없다. 다만 계속 생각해야 한다. 고통과 쾌락, 성취의 역사는 누구의 입을 통해 누구의 시선으로 누구를 매개 삼아 호명되고 정의되고 있을까. 초등학생이 아파트 옥상에서 던진 돌에 맞아 한 여성이 사망한 사건을 '캣맘 사건'으로 부르는 '사소한' 문제부터 국가 단위의 테러나 재난을 다루는 방식까지, 타인의 고통을 바라보는 권력의 어떤 의도가 개입한다.

나와 타자의 관계에 대한 고찰이 없을 때 공감은 때로 폭력의 얼굴로 등장한다. 때로 공감하고 연대한다는 명목으로 타인의 고통 앞에서 슬퍼하는 나, 고통스러운 사안 앞에서 몸부림치는 나를 드러내는 경우가 있다. 누군가의 고통을 말하며 결국 자신을 드러낸다. 누군가의 비극을 자신의 정의감의 매개로 삼는 행위는 일종의 속임수다. 정치 예능이나 무비 저널리즘 형식은 이러한 문제를 꾸준히 드러냈다.

## 4. 전위와 지성

한국은 중국과 인도에 이어 세계에서 세번째로 해외에 유학생을 많이 보내는 나라다. 인구를 감안하면 반지성은커녕 어느 나라보다 세계 지성의 흐름에 민감하며 '지성 친화적'으로 보일 지경이다. 물론 교육의 목적이 지성이라고 하면 비웃음을 산다. 개인의 도덕성을 고양시키고 사회와 공동체를 생각하는 '능력'을 위해 공부하지 않는다. 공부를 통해 얻을 수 있는 사회적 보상이 공부의 목적인 경우가 많다.

'노력'의 개념이 변모하고 있으며 이 노력의 원천에 대해 생각할 필요가 있다. 자신이 공부를 잘하는 이유가 순전히 '개인적인 노력'이라고 여기기 때문에 공부를 못하는 이유는 그저 노력을 안 하는 게으름 탓이라고 생각한다. 그리고 게으른 인간은 보상을 받지 않아도 된다는 식이며, 여기서 '보상'이란 경제적 차원만이 아니라 인격적 차원까지 확장된다. 그렇게 '차별에 찬성'한다.

『미국의 반지성주의』에서 리처드 호프스태터는 마커스 컨리프Marcus Cunliffe의 말을 빌려 미국의 지적 성취를 담당해온 정신을 '지식층과 아방가르드'로 유형화한다. 기존의 권위와 이성에의 전복과 도전, 곧 전위는 지성사의 한 축이다. 아방가르드는 제도의 권위와 싸운다. 대체로 '전위'는 얼핏 보기에 대중적이지 않으며 당장 먹고사는 것과 무관해 보인다. 이러한 태도에서 더 나아가면 '예술이 밥 먹고 사는 데 무슨 소용이 있느냐', '그런 것 없어도 굶어죽지 않는다'라는 예술 무용론에 다다른다. 쓸모 중심에 갇혀서 인간을 먹고사는 것 이상을 상상할 수 없는 존재로 한정 짓게 된다. 다르게 생각하기는 다른 형식을 필요로 한다. '쉽게', '대중적'이라는 말을 강조하는 이들이야말로 오히려 대중의 다양성과 '다르게 생각하기'의 욕망을 무시한다. 쉽게 써라, 중학교 3학년도 이해할 수 있어야 좋은 글이다!

여기서 또다른 질문을 던지자. '대중'과 '시민'의 성별은 무엇이었는가. 대중과 시민의 젠더는 다양하지 않았다. 애국의 서사뿐 아니라 저항과 해방을 다루더라도 이 관점은 동일하다. 〈박하사탕〉(1999), 〈화려한 휴가〉(2007), 〈택시운전사〉(2017)에 이르기까지 광주항쟁을 다룬 대중적인 영화들은 하나같이 남성의 서사에 의존했다. '상식'의 개념도 마찬가지다. 성역할을 대부분 상식으로 알고 있듯이 상식은 지배를 정당화하는 빌미로 사용되곤 한다. 지성과 예술사의 편파적 축적은 약자와 소수자의 목소리를 지속적으로 삭제했다. 소수자를 멸시하며 축적한 저항의 에너지 속에는 혐오와 차별이 기생한다. 헌정 사상 최초의 탄핵을 만들어낸 '촛불정신'에 젠더 의식이 있었던가. 박근혜 정부에서 블랙리스트를 만든 사건에 강하게 반발하는 '촛불시민'도 '메갈리아'를 옹호하는 작가를 노동 현장에서 제거하는 데에는 망설임이 없을 수 있다. '촛불시민'으로 상징되는 정상적인 상식의 '민주시민'은 정권을 지키기 위해 여성 비하를 일삼은 행정관도 비호했다.

미국 사회가 계급적 소외에 대한 분노를 인종차별로 배출한다면, 한국 사회는 여성에게 분노를 쏟아낸다. 이러한 '문화'는 창작 환경에도 고스란히 흡수된다. 권력에 전복적이고 전위적인 대항을 한다고 하지만 젠더에 대한 사유에서는 그 어떠한 전복도 전위도 찾아볼 수 없는 예술이 '예술'이라는 이름 뒤에서 비평을 피해 가려 한다. 고발하는 게 없는 '고발'을 한다. 미적 사유에 대한 불성실이 비판받았을 때 이를 예술의 자율성 침해로 틀을 만들어 재빨리 '피해자가 된 예술가'인 양 군다. 이러한 문화적 토양 위에 '일베 손가락'*을 조형물로 만들거나 음료 광고에서 여성 살해 이미지를 담은 학생의 작품이 생산되고**, 남성 잡지는 여성 납치 살해를 암시하는 이미지를 표지로 사용한다***. 우리 사회는 이런 방식을 '새로움'이나 '신선함', 나아가 금기를 향한 용기 있는 도전으로 여긴다. 폭력과 혐오를 사유하기보다, 혐오에 편승하여 폭력을 선정적인 오락으로 상품화한다. 보는 권력을 극대화한 남성 중심의 관음이 펼치는 예술, 여성과 소수자를 향한 학대와 폭력을 자유의 매개로 삼는 저항 방식, 타인의 고통을 쾌락의 도구로 삼는 오락은 생각하는 사회에 지속적으로 제동을 걸고 있다. 타인의 고통을 자극적으로 즐기는 감각에 내면의 굳은살이 생겨 부끄러움을 상실해간다.

증오는 반지성과 연대한다. 가상의 적의를 부추긴다. 왜곡된 평등주의는 뒤섞임을 인정하지 않고 분리와 제거를 통한 '정상화'를 추구한다. 비판을 진압하고, 진영 논리에 기대어 증

---

* 2016년 홍익대 조소과 학생이 '환경조각 연구' 수업 과제의 일환으로 열린 야외 조각전을 위해 학교 정문에 '일베' 상징물 조각상을 설치했다. 〈어디에나 있고, 아무데도 없다〉는 제목을 붙인 이 작품은 많은 항의를 받았을 뿐 아니라 다른 학생들에 의해 파손되었다.

** 한국예술종합학교 학생들과 페리가 공동 제작한 페리 광고 영상이다. 〈녹색광선〉이라는 제목으로 2016년 유튜브에 공개되었으나 여성 납치, 살해를 암시하는 내용으로 논란이 일었다.

*** 남성 잡지 〈맥심〉 2015년 9월호 표지에 여성 납치를 암시하는 이미지가 실려 〈맥심〉은 많은 비난을 받고 공식적으로 사과했다. 이 화보에서 한 남자는 자동차에 기대어 담배를 피우고 있으며, 문이 열린 자동차 트렁크 밖으로 청테이프에 묶인 여성의 다리가 보인다. 여성 살해를 섹슈얼리티의 대상으로 활용했다는 점에서 크게 비판받았다.

오와 혐오를 확산하면서 이를 대의라는 명목으로 정당화한다. '더 많은 표현이 더 좋은 결과를 낳는다More Speech, Better Speech'를 잘못 해석해 이미 많은 표현을 하고 있는 이들이 계속 표현을 독점한다. 표현은 발신자 중심으로만 해석하기보다 수신자의 입장에서 함께 생각해야 한다. 더 많은 표현은 누구에게 '도착'하는가. 언어는 정치다. 발화 권력을 알아가는 건 관계를 알아가는 기본이다. 반지성주의자들은 열정적이다. 이 열정이 스스로를 고취시키는 만족감이 크고 이 만족감이 곧 우월감을 준다. 그 우월감으로 타인의 위로 올라가 소리친다. 그들은 부지런히 행동한다. 열정적으로 오직 '하나의 진리'를 위해 뭉칠 것을 강요하고 하나의 진리에 동참하지 않거나 의문을 제기하면 적으로 돌린다.

반지성주의라는 하나의 사회현상을 짚어보면서 많은 문제를 언급했지만, 진보의 허위와 모순을 인식하되 깊은 회의와 냉소, 환멸은 꾸준히 경계한다. 생각하는 인간으로서, 나와 타자의 관계를 고민하고 공동체를 생각하는 인간으로서, 질문이 위험하지 않은 사회를 포기할 필요는 없다. 억압은 꾸준히 기록되고 있다.

한국의 블랙리스트 사태와 비교될 수밖에 없는 미국의 1950년대 매카시즘에 대항한 작품을 떠올려보자. 매카시즘이라는 폭풍이 지나간 뒤 에밀 드 안토니오는 냉전 시기 미국에서 가장 주목할 만한 다큐멘터리를 만들었다. 1964년 발표된 〈포인트 오브 오더!Point of Order!〉는 매카시즘의 절정기에 벌어졌던 공산주의자 색출 청문회를 다룬 다큐멘터리다. 매카시의 모습이 직접 담긴 청문회가 다큐멘터리로 편집되면서 하나의 거대한 정치적 사기와 그에 동참한 인물들은 역사 속에 박제되었다. 이 작품은 미국에서 좌파 지성사를 대표하는 저항 영화다.

기존의 자료를 편집해 작가의 정치적 시선을 전달한다는 형식적인 면에서 용산 참사를 다룬 연분홍치마의 〈두 개의 문〉(2011)을 떠올릴 수 있다. 〈두 개의 문〉은 '그날의 사건'에 집중하지만 철거를 둘러싼 자본과 국가권력을 집요하게 보여주지 '않는' 선택을 했다는 면에서 아쉬움이 있다. 이 아쉬움은 2018년 〈공동정범〉을 통해 메워졌다. 경합하는 진실의 다양한 면을 보여준 다큐멘터리가 〈공동정범〉이다. 기억과 기억의 대립, 입장과 입장의 대립, 투쟁하는 사람들 간에 원망과 자책의 뒤섞임, 개인의 일상과 투쟁의 당위가 충돌하는 어려움, 투쟁 내부의 노선 갈등 등에 대해 묵묵하게 밀고 가는 영화다. 〈공동정범〉은 정답이 있는 진실을 향해 간다기보다 오히려 명쾌하게 답을 찾을 수 없어 관객을 더욱 심란하게 만든다.

이처럼 억압과 지성의 위기 속에서도 이를 고발하는 목소리가 함께 존재한다. 정권이 아무리 언론을 탄압해도 해직을 감수하면서까지 파업으로 맞선 언론인도 있으며, 단단한 남성 연대 속에서 '여혐민국'을 외치며 강남역 10번 출구에 포스트잇을 붙인 여성들의 목소리 또한 더욱 단단해지고 있다. 비판보다는 칭찬과 지지가 더 각광받고 속시원한 '사이다' 언어가 늘어나는 시대에도 성실한 비평집은 생산되고 있다. 권성우가 『비평의 고독』에서 언급했듯이 "정치적 올바름은 미학적 품격과 만날 수 있는가"에 대한 고민은 포기할 수 없는 지점이다. "정치적 올바름이 개성적 문체와 심미적 품격에 실려 전달되는 그런 아름다운" 비평의 가능성, "왜 대부분의 문예지에서는 문학작품에 관한 비판적 서평이 존재하지 않는 것인가"는 우리 사회에 필요한 질문이다.

한 사회의 지성과 윤리의 척도는 애도와 유머를 통해 드러난다고 생각한다. 타인과 슬픔을 공유하는 태도, 타인에게 웃음을 전달하는 태도에 깃든 윤리의식은 첨예한 지성의 분투를 필요로 한다. 유머, 곧 해학·풍자·농담 등이 사회의 약자를 조롱하는 방식에서 벗어나지 못하고, 애도가 타인의 고통을 타자화하는 방식에 머물고 있다면 사회의 윤리적 기준에 의구심을 품어야 한다. 전위적인 지성과 미학은 윤리적 고민을 품는다. 합리적 의심과 음모론, 배려와 위선, 전위와 무례, 평등과 획일화는 전혀 다른 개념이지만 그들 사이의 거리는 그리 멀지 않다. 그렇기에 그 아슬아슬한 경계선을 찾아 위태롭게 걸어가는 길이 지성의 역할이다. 나의 일상과 사회구조는 연결되어 있다. 구조의 문제가 개인에게 온전히 면죄부를 주지도 않지만, 진짜 구조의 문제가 개인의 일탈로 왜곡되어서도 안 된다.

때로는 오만에 가까운 결기를 가진 지식인, 자존심을 지키는 예술가, 눈치보지 않는 비평, 정치의 예술화에 맞서기, 불완전함과 잡종성을 인정하고 사유하기, '정상' 집착을 경계하기, 애도하는 자세와 유머를 잃지 않기. 특히 애도하는 마음과 유머는 삶에서 잃고 싶지 않은 가치다. 애도와 유머는 품위를 잃지 않고 나와 타인 사이에서 서로를 지키며 삶을 공유하기 위해 꼭 필요하다고 생각한다. 그리고 여성과 소수자 서사의 복원이 억압의 역사를 드러내어 지성을 축적한다. 여성주의 시각을 가진 철학자, 인류학자, 예술가, 사회학자, 국문학자 등이 있을 때, 이들 각각의 전문 영역은 탈색되고 그저 페미니스트가 된다. 이때 그 페미니스트는 단순한 의미로 한정된다. 여성 지식인의 고립과 소외도 풀어야 할 과제이다.

사회의 야만은 약자 멸시에 담겨 있다. 지성은 사회의 가장 취약한 부분을 향해 치밀한 관심을 동반해야 한다. 이를 위해서는 고립되기를 두려워하지 않되, 현실에 참여하기를 게을리하지 않는 태도가 중요하다. 참여하되 구속받지 않아야 한다. 호프스태터가 말했듯이 "지식인은 앙가주망, 즉 맹세하고, 책임지고, 참여한다". 곧 고립과 참여라는 불가능해 보이는 임무를 실행하는 그 '불안정한' 과정이 풍성한 지성의 숲을 이루지 않을까.

1 고미숙, 『동의보감, 몸과 우주 그리고 삶의 비전을 찾아서』, 그린비, 2011년, 185쪽

2 J. M. 바바렛, 『감정의 거시사회학』, 박형신 정수남 옮김, 일신사, 2007년, 106쪽

3 H. 마르쿠제, 『일차원적 인간』, 박병진 옮김, 한마음사, 2009년, 61쪽

4 장 보드리야르, 『시뮬라시옹』, 하태환 옮김, 민음사, 2001년, 143쪽

5 장은수, "무엇이 출판을 죽이는가", 〈서울신문〉, 2018년 10월 10일, https://www.seoul.co.kr/news/newsView.php?id=20181011030006

6 권김현영 외, 『한국 남성을 분석한다』, 교양인, 2007년, 77쪽

7 〈이프〉, 2004년 겨울호

8 임학순, 「박정희 대통령의 문화정책 인식 연구－박정희 대통령의 연설문 분석을 중심으로」, 『예술경영연구』 제21집, 2012년, 159-182쪽

9 박광우, 『한국문화정책론』, 김영사, 2013년

10 윤태곤, "박근혜, 퍼스트레이디 시절 무슨 일이?", 〈프레시안〉, 2012년 6월 21일, http://www.pressian.com/news/article.html?no=20883

11 조종엽, "최태민의 '새마음 운동' 부활 시도 의혹", 〈동아일보〉,. 2016년 11월 17일, http://news.donga.com/home/3/all/20161117/81374793/1#csidxfaab620b6c374b68c6a7ee5d00e0e93

12 박광우, 『한국문화정책론』, 김영사, 2013년

13 이정렬, "문빠와 스머프", 〈한겨레〉, 2017년 4월 17일, http://www.hani.co.kr/arti/opinion/column/791112.html#csidx
ae840715a5c6bc7b85d84ac667db98e

14 이화여자대학교 박물관, 『미술 속의 여성 : 한국과 일본의 근현대 미술』, 이화여자대학교 출판부, 2003, 122쪽

15 Athena S. Leoussi, *Nationalism and Classicism: The Classical Body as National Symbol in Nineteenth-Century England and France*, Palgrave Macmillan, 1998, pp.192~5

16 박충훈, "'대통령 나체 풍자화', 10년 전 미국에선 이랬다", 〈아시아경제〉, 2017년 2월 1일, http://www.asiae.co.kr/news/view.htm?idxno=2017012513531396159

17 존 버거, 『다른 방식으로 보기』, 최민 옮김, 열화당, 2012년, 68쪽

18 뤼스 이리가레 인터뷰: Marie-Francoise Hans, Gilles Lapouge, *Les Femmes, La pornographie et l'erotisme*, Seuil , 1978, p. 50

19 "남혐, 여혐 관련 추가 내용이니, 필독하세요", 〈익스트림무비〉(인터넷 게시판), 2017년 8월 28일, http://extmovie.maxmovie.com/xe/movietalk/23362083

20 발터 벤야민, 『발터 벤야민의 문예이론』, 반성완 옮김, 민음사, 1992년, 269쪽

21 임재윤, "'2차 성징' 준비하는 팟캐스트의 7가지 증거", 〈PD저널〉, 2016년 1월 15일, http://www.pdjournal.com/news/articleView.html?idxno=57491

22 정대근, "나는 꼼수다 청취자1000만 명 넘어섰다", 〈시사매거진〉, 2012년 2월 8일, http://www.sisamagazine.co.kr/news/articleView.html?idxno=10451

23 홍현진, "눈 찢어진 아이 조만간 공개... 주어는 없어", 〈오마이뉴스〉, 2011년 10월 30일, http://www.ohmynews.com/NWS_Web/view/at_pg.aspx?CNTN_CD=A0001647925

24 윤무영, 조우혜, "사진으로 본 나꼼

수 콘서트", 〈시사인〉, 2011년 12월 1일, http://www.sisain.co.kr/?mod=news&act=articleView&idxno=11818

**25** 이계삼, "입금 요청하는 노숙인 친구 뭐라고 말할 것인가", 〈프레시안〉, 2012년 1월 13일, http://www.pressian.com/news/article.html?no=67261

**26** 리처드 호프스태터, 『미국의 반지성주의』, 유강은 옮김, 교유서가, 2017년, 264쪽

**27** "현실 같은 허구 '대물', 어떤 페미니즘 드라마?", 〈경남신문〉, 2010년 9월 30일, http://www.knnews.co.kr/news/articleView.php?idxno=933573

**28** "'비키니 논란'과 나꼼수의 부적절한 대응", 〈한겨레〉, 2012년 2월 7일, http://www.hani.co.kr/arti/opinion/editorial/517888.html#csidxffba10eca5df9abb70bf84edbcbf37f

**29** 권성준, "나꼼수 '비키니 여성 생물학적 완성도에 감탄'", 〈조선일보〉, 2012년 2월 6일, http://news.chosun.com/site/data/html_dir/2012/02/06/2012020600142.html

**30** 홍현진, "눈 찢어진 아이 조만간 공개... 주어는 없어", 〈오마이뉴스〉, 2011년 10월 30일, http://www.ohmynews.com/NWS_Web/view/at_pg.aspx?CNTN_CD=A0001647925

**31** 김수영, "'돌아온 탕아 내치라니'…靑, 탁현민 유임으로 가닥", 〈노컷뉴스〉, 2017년 7월 13일, https://www.nocutnews.co.kr/news/4814447

**32** 김수영, "'돌아온 탕아 내치라니'…靑, 탁현민 유임으로 가닥", 〈노컷뉴스〉, 2017년 7월 13일, https://www.nocutnews.co.kr/news/4814447

**33** 허지웅, "내가 김어준을 비판하는 이유", 〈시사인〉, 제214호, 2011년 10

**34** 권성우, 『비평의 고독』, 소명출판, 2016년, 95쪽

**35** 장정일, "'사악한 지식인'을 기다리며", 〈한국일보〉, 2017년 12월 13일, http://www.hankookilbo.com/News/Read/201712131380450687

**36** 권태호, "내게도 '김광석'이 있었다", 〈한겨레〉, 2017년 10월 19일, http://www.hani.co.kr/arti/opinion/column/815219.html#csidx01e8bf992dc6ff7986efa714091e354

**37** 이희동, "볼수록 화나는 〈부러진 화살〉...이건 아니다", 〈오마이뉴스〉, 2012년 2월 2일, http://www.ohmynews.com/NWS_Web/view/at_pg.aspx?CNTN_CD=A0001691274&;PAGE_CD=S0200

**38** 곽재훈, "홍준표 '인권 감수성' 탄로 '젠더가 뭐예요?'", 〈프레시안〉, 2017년 9월 19일, http://www.pressian.com/news/article.html?no=169963

**39** 주영재, "전우용 '(메갈리아) 소아병' 발언에 '결국 빨갱이 사냥질' 비판" 〈경향신문〉, 2016년 7월 27일, http://news.khan.co.kr/kh_news/khan_art_view.html?artid=201607271444001#csidx50888ff464c7e149d0ffd8431d79767

**40** 권김현영, "'군림하는 적폐'의 무지에 대하여", 〈한겨레21〉, 1173호, 2017년 8월 7일

**41** 이현재, 『여성혐오 그 후, 우리가 만난 비체들』, 들녘, 2016년, 13~14쪽

**42** 곽재훈, "'메갈리아 사태', 정의당 존재 이유를 묻다", 〈프레시안〉, 2016년 8월 29일, http://www.pressian.com/news/article.html?no=140684#09T0

**43** 유환구, "'부당 해고'vs'메갈 옹호?' 넥슨, 女성우 교체 논란", 〈한국일보〉, 2016

년 7월 20일, http://hankookilbo.com/v/29f5648c9bf24cdf8c5e0b1961154585

**44** 한영혜, "웹툰작가를 '한남충'이라 지칭한 대학원생에게 벌금형 선고", 〈중앙일보〉, 2017년 7월 17일, http://news.joins.com/article/21765299

**45** 강신주, 『강신주의 다상담1 : 사랑, 몸, 고독 편』, 동녘, 2013년

**46** 장폴 사르트르, 『지식인을 위한 변명』, 조영훈 옮김, 한마당, 1999년

**47** 같은 책

**48** 이유진, "'기집애 같다' 레즈냐' 너 다문화지'는 모두 혐오표현, 인권위 실태조사 발표", 〈경향신문〉, 2017년 2월 19일, http://news.khan.co.kr/kh_news/khan_art_view.html?artid=201702191323001&code=940100&nv=stand&utm_source=naver&utm_medium=newsstand&utm_campaign=today_image

**49** 천관율, "여자를 혐오한 남자들의 '탄생'", 〈시사인〉, 제418호, 20115년 9월 17일, http://www.sisain.co.kr/?mod=news&act=articleView&idxno=24291

**50** 마사 누스바움, 『혐오와 수치심』, 조계원 옮김, 민음사, 2015년, 35~37쪽

**51** 정희진, "메갈리아는 일베에 조직적으로 대응한 유일한 당사자", 〈한겨레〉, 2016년 7월 30일, http://www.hani.co.kr/arti/society/women/754513.html

**52** 정민경, "넥슨, 원화가에 '왜 여성민우회 계정 팔로우했냐'", 〈미디어오늘〉, 2018년 3월 27일, http://www.mediatoday.co.kr/?mod=news&act=articleView&idxno=141947#csidxfca26237821dadda2b417c397bb035b

**53** 칼 마르크스, 『루이 보나파르트의 브뤼메르 18일』, 최형익 옮김, 비르투출판사, 2012년, 25쪽

**54** 후지이 다케시, "무명으로 돌아가기", 〈한겨레〉, 2017년 4월 2일, http://www.hani.co.kr/arti/opinion/column/788990.html

**55** 이문열, 『선택』, 민음사, 1997년, 224쪽

**56** 주디스 버틀러, 『혐오 발언』, 유민석 옮김, 알렙, 2016년

**57** 윤김지영, 『헬페미니스트 선언, 그날 이후의 페미니즘』, 일곱번째숲, 2017년

**58** 이선옥, "메갈리아 해고 논란? 이건 여성혐오의 문제가 아닙니다", 〈미디어오늘〉, 2016년 7월 25일, http://www.mediatoday.co.kr/?mod=news&act=articleView&idxno=131249

**59** 김규항, "타인의 취향", 〈한겨레21〉, 제675호, 2007년 8월 30일

**60** 김규항, "평론가의 탄생", 〈GQ〉, 2002년 2월호

**61** 수잔 손택, 『타인의 고통』, 이재원 옮김, 이후, 2004년, 153쪽

# 타락한 저항

지배하는 '피해자'들, 우리 안의 반지성주의

초판 1쇄  2019년 3월 22일
초판 4쇄  2021년 5월  3일

**지은이** 이라영    **펴낸이** 신정민

**편집** 신정민 이정신    **디자인** 김마리    **저작권** 김지영 이영은    **마케팅** 정민호 김경환
**모니터링** 이희연    **홍보** 김희숙 김상만 함유지 김현지 이소정 이미희 박지원
**제작** 강신은 김동욱 임현식    **제작처** 한영문화사

**펴낸곳** (주)교유당
**출판등록** 2019년 5월 24일 제406-2019-000052호

**주소** 10881 경기도 파주시 회동길 210
**문의전화** 031) 955-8891(마케팅) 031) 955-3583(편집)
**팩스** 031) 955-8855
**전자우편** gyoyuseoga@naver.com

ISBN 978-89-546-5572-9  03330